Mit Janusz Korczak
die Kinderwelt verstehen

HERDER spektrum

Band 5708

Das Buch

„Ein Kind versteht Wunder und tut Wunder, wie der Frühling", sagt der große Menschenfreund Korczak. Korczak lehrt uns, offene Augen, offene Ohren, ein offenes Herz für die Kinder zu haben. Und nicht oft genug kann man seine Grundeinsicht wiederholen: Kinder werden nicht erst zu Menschen, sie sind schon welche. Nicht nur unsere Familien, unsere Kindergärten und unsere Schulen würden anders, auch unsere Gesellschaft hätte Zukunft, wenn wir seine Einsichten umsetzen würden.

Kinder sind das wichtigste, was uns anvertraut ist. Sie zu lieben, ist ihr – und unser Glück. Annelie Öhlschläger hat die schönsten Texte des großen Kinderfreundes herausgesucht und leitet in die einzelnen Kapitel ein. Mit einer Einführung von Maria Furtwängler.

Der Autor

Janusz Korczak, Kinderarzt, Schriftsteller, einer der großen Pädagogen unserer Zeit. Friedenspreis des deutschen Buchhandels. Bei Herder Spektrum: Der kleine König Macius.

Janusz Korczak

Mit Janusz Korczak die Kinderwelt verstehen

Herausgegeben
von Annelie Öhlschläger

Mit einer Einführung
von Maria Furtwängler

HERDER

FREIBURG · BASEL · WIEN

Gedruckt auf umweltfreundlichem,
chlorfrei gebleichtem Papier

Originalausgabe

www.herder.de
Satz: Dtp-Satzservice Peter Huber, Freiburg
Druck und Bindung:
Oldenbourg Taschenbuch GmbH, Kirchheim 2006
Umschlaggestaltung und Konzeption:
R·M·E München Roland Eschlbeck, Julia Wolf
ISBN-13: 978-3-451-05708-3
ISBN-10: 3-451-05708-5

Inhalt

Einführung

Kinder sind das Wichtigste, was uns anvertraut ist. Kinder zu verstehen, ihnen achtsam zu begegnen, sie zu achten und zu lieben, ist also das Beste, was wir tun können. Es ist ihr und unser Glück, wenn wir ihnen so begegnen, dass sich ihr eigenes Leben entfalten kann. Es ist die beste Einstellung, die man ihnen gegenüber haben kann. Janusz Korczak (1878–1942) war ein Mensch, der den Kindern gegenüber diese Einstellung hatte. Er wusste: Kinder gehören nicht zu den „Starken" dieser Welt. Aber auch wenn sie klein sind – sie werden nicht erst Menschen, sie sind schon Menschen. Sie sind Individuen, Persönlichkeiten von klein auf. Und sie sind nicht weniger vernünftig als Erwachsene. Das Kind, so sagt er, weiß mehr über sich selbst und die Welt, als die Erwachsenen sich vorstellen können.

Trotzdem bleibt natürlich das Ungleichgewicht zwischen Erwachsenen und Kindern, in Erfahrung und Wissen und Möglichkeiten. Deswegen brauchen Kinder auch unsere Zuwendung. Korczak hat sich auf ihre Sorgen und Nöte eingelassen und sein ganzes Leben ihnen gewidmet hat. Dieser bewundernswerte Kinderarzt war einer der großen Pädagogen unserer Zeit. Er war keiner, der sein Wissen aus Erziehungsbüchern geschöpft hat, er hat sich auf die Kinder eingelassen, hat in einem Warschauer Waisenhaus sein Leben mit ihnen geteilt. Und er hat sie nicht alleingelassen in der Stunde der größten Belastung, in ihrer größten Gefährdung. Sein Weg führte ihn ins Warschauer Getto und endete mit dem Zug der Waisenkinder in den Gaskammern von Treblinka. Er hätte die Möglichkeit gehabt, sich den Mördern zu entziehen. Er wollte sie, die Kinder, nicht im Stich lassen. Mit seinen Kindern ging er in den Tod.

Janusz Korczak hat für sein Leben postum viele Preise bekommen, u. a. den Friedenspreis des Deutschen Buchhandels. Aber er ist nicht nur ein großer Mensch der Vergangenheit. Er hat uns einen Schatz hinterlassen: nämlich die Texte, die er über „seine" Kinder, nein: ich sollte sagen mit Hilfe der Kinder, verfasst hat. Er hat die Kinder nicht nur begleitet. Sie waren auch seine Lehrer.

Was hat er durch seine Beobachtung gelernt? Vor allem dies: Kinder sind unterschiedlich, jedes Kind ist anders, hat andere Gaben, Begabungen und Kompetenzen. Eben weil Kinder nicht erst zu Menschen werden, sondern schon welche sind, haben sie ebenso wie Erwachsene ein Recht auf Achtung, wie Erzieher und Eltern. Bereits 1919 hat Korczak seine „Charta der Menschenrechte der Kinder" formuliert, genau 70 Jahre bevor die Vereinten Nationen aufgrund einer polnischen Initiative die „Konvention über die Rechte des Kindes" verabschiedeten, ratifiziert von 187 Ländern der Erde.

Was sind Kinderrechte? Korczak formulierte Rechte wie zum Beispiel das Recht des Kindes auf Liebe, auf Achtung, auf optimale Bedingungen für sein Wachstum und seine Entwicklung; das Recht des Kindes in der Gegenwart zu leben, es selbst zu sein, das Recht auf Fehler oder zu versagen, das Recht auf Geheimnisse oder darauf, dass man seinen Schmerz respektiert, das Recht auf Zwiesprache mit seinem Gott. Das Kind hat für ihn ein Recht auf Erziehung, aber auch das Recht, sich erzieherischen Einflüssen zu widersetzen. Weiter formulierte er das Recht, ernst genommen zu werden und seine Gedanken auszusprechen. Solche Rechte sind selber Ausdruck von Achtung und Liebe.

Dieser Arzt hat auch die Seele und die Sprache eines Poeten: Er schreibt, dass Kinder und Fische keine Stimme haben. Und von denen, die Kinder erziehen, erwartet er, dass sie sich ausstrecken, ja sich auf Zehenspitzen stellen, um sich auf die Höhe der Kinder zu begeben. Und er hat ein wunderbares Kinderbuch geschrieben, den König Macius – das aber gleichzeitig auch ein Ausdruck seines großen Respekts ist und ein Ausdruck seines Wissens, dass es auch in der Gesellschaft von Kindern darum geht, das Zusammenleben zu regeln.

Für ihn war es ganz zentral, Konflikte, die beim Zusammenleben von unterschiedlichen Kindern an der Tagesordnung sind, möglichst gewaltfrei und gut zu lösen. Ihm gelang dies, indem er die Kinder selbst in die Verantwortung nahm, sie anleitete, wie sie ihre Probleme und Angelegenheiten regeln konnten.

Seine Ausführungen zu den Mitbestimmungsmöglichkeiten der Kinder klingen nicht nur modern, sondern formulieren etwas, was hierzulande noch aussteht. In seinen Waisenhäusern bildeten Kinder ein Parlament, es gab ein „Gericht" zur Kontrolle der mit den Kindern formulierten Regeln, Kinder gaben eine eigene Zeitung heraus, Kinder waren daran beteiligt, dass es „allen gut geht". Und dabei mussten sich auch die Erwachsenen den Schiedssprüchen der Kinder unterwerfen.

Bei uns wird ein solches demokratisches Miteinander inzwischen in den Kindergärten eingeübt. In den Vorschriften ist vorgesehen, dass genau diese Mitbeteiligungsmöglichkeiten für Kinder umgesetzt werden wie Ämterplan, Kinderkonferenz, gemeinsames Erstellen von Regeln oder gemeinsame Projektplanung.

All das ist wichtig. Aber es geht nicht nur darum, demokratisches Miteinander einzuüben. Kinder üben in diesen Prozessen, sich in andere einzufühlen: sie lernen Mitmenschlichkeit. Und dieses Gut droht in unserer Gesellschaft zu einem knappen Gut zu werden.

Weshalb ich die in diesem Buch ausgewählten Texte so wichtig finde? Wieso man heute wieder Korczak lesen sollte? Ich glaube, vor allem deshalb: Korczak lehrt uns, offene Augen, offene Ohren, ein offenes Herz für die Kinder zu haben. Und nicht oft genug kann man seine Grundeinsicht wiederholen: Kinder werden nicht erst zu Menschen, sie sind schon welche. Nicht nur unsere Familien, unsere Kindergärten und unsere Schulen würden anders, auch unsere Gesellschaft hätte Zukunft, wenn wir die Einsichten dieses großen Kinderfreundes ernst nähmen.

Dr. Maria Furtwängler
Schauspielerin
und Vorstand der Stiftung Bündnis für Kinder

I. Kapitel

DAS KIND TUT WUNDER WIE DER FRÜHLING

Welche Vorstellung machen wir uns von Kindern? Wie betrachten Eltern die Kinder, die sie ihre eigenen nennen? Wer ist das, den wir erziehen wollen? Wer ist ein Kind? Korczak kommt zu der Erkenntnis: „Wir kennen das Kind nicht, schlimmer noch: wir kennen es aus Vorurteilen.“ Was projizieren wir nicht alles in Kinder hinein? Das Kind ist für Korczak ein unergründliches Geheimnis.

Korczak setzt sich konsequent für die Autonomie kindlicher Persönlichkeit ein. Der Mutter, die von „ihrem“ Kind spricht, hält er scharf entgegen: „Nein, nicht einmal in den Monaten der Schwangerschaft und in den Stunden der Geburt gehört das Kind dir.“

Die Kindheit ist kein Status der Unfertigkeit, den es zu überwinden gilt, aber auch nicht derjenige der Unschuld. Sie stellt einen absoluten Wert dar, nicht lediglich ein Durchgangsstadium. Korczak ist fasziniert von dem Wunder Kind, dem er volle Achtung entgegenbringt. „Das Kind versteht Wunder und tut Wunder wie der Frühling.“ Hinter der Feststellung, dass Kinder nicht erst zu Menschen werden, sondern bereits welche sind, steht die realistische Erkenntnis, welche Abgründe die menschli-

che Existenz bereithält. „Hundert Masken kann ein Kind aufsetzen, hundert Rollen spielen." Korczak verklärt und glorifiziert Kinder nicht.

Korczak versteht sich als Anwalt der Kinder. Kinder sollen aus der künstlichen Kinderwelt befreit werden.

Die Kindheit als eine Vorbereitung auf den Ernst des Lebens zu betrachten, ist ein sehr neuzeitlicher Gedanke. Kinder werden leider immer mehr aus den ernsthaften Bereichen des Lebens herausgehalten und in sorgsam abgeschirmten Kinder- und Jugendwelten isoliert. Dort werden sie zwar sehr wohl als Konsumenten wahrgenommen und bedient, nicht aber als vollwertige Mitglieder der Gesellschaft. Korczak hingegen erklärt Kinder zu Fachleuten, die Erwachsene in vielfacher Hinsicht lehren *können.*

Du sagst:

„Mein Kind."

Wann hast du das größte Recht darauf, wenn nicht in der Zeit der Schwangerschaft? Der Schlag des wie ein Pfirsichkern so kleinen Herzens ist das Echo deines Pulsschlages. Dein Atem lässt auch ihm den Sauerstoff der Luft zukommen. Ein Blutstrom kreist in ihm und in dir, und kein roter Blutstropfen weiß es jetzt schon, ob er bei dir bleibt oder bei ihm oder ob er vergossen wird und stirbt als Tribut, den das Geheimnis der Empfängnis und der Geburt fordert. Der Bissen Brot, den du kaust, ist für dein Kind Stoff zum Aufbau seiner Beine, mit denen es laufen, der Haut, die es kleiden, der Augen, mit denen es sehen, des Gehirns, in dem das Denken aufflackert, der Hände, die es nach dir ausstrecken, des Lächelns, mit dem es „Mutter" rufen wird.

Miteinander sollt ihr den entscheidenden Augenblick erleben: Ihr werdet einen gemeinsamen Schmerz erleiden. Die Glocke schlägt, – die Losung heißt:

– Seid bereit.

Und zugleich wird es sagen: „Ich will mein eigenes Leben leben", und du sagst: „Lebe nun dein eigenes Leben."

Unter krampfartigen Zuckungen deines Inneren wirst du es von dir geben, ohne dich um seinen Schmerz zu kümmern, kräftig und entschieden wird es sich hinausdrängen, ohne deiner Schmerzen zu achten.

Ein brutaler Akt.

Nein – sowohl du als auch dein Kind, ihr zittert Tausende von Malen auf nicht wahrnehmbare, subtile, wunderbar gewandte Weise, um euren Anteil am Leben zu beanspruchen und dabei nicht mehr zu nehmen, als euch von Rechts wegen gehört, nach allgemeinen, seit Urzeiten gültigen Gesetzen.

„Mein Kind."

Nein, nicht einmal in den Monaten der Schwangerschaft und in den Stunden der Geburt gehört das Kind dir.

Das Kind, das du geboren hast, wiegt zehn Pfund. Davon sind acht Pfund Wasser und je eine Handvoll Kohlenstoff, Kalk, Stickstoff, Schwefel, Phosphor, Kalium und Eisen. Du hast acht Pfund Wasser und zwei Pfund Asche zur Welt gebracht. Und jeder Tropfen dieses *deines* Kindes war einmal Dunst einer Wolke, ein Schneekristall, Nebel, Tau, ein Bach und das Abwasser eines städtischen Kanals. Jedes Atom Kohlenstoff oder Stickstoff war einmal Bestandteil von Millionen verschiedener Verbindungen.

Du hast nur das alles zusammengefügt, was schon vorhanden war.

Die Erde, schwebend im unendlichen Raum.

Ihr naher Gefährte, die Sonne, fünfzig Millionen Meilen entfernt.

Der Durchmesser unserer kleinen Erde, das sind nur dreitausend Meilen feurigglühender Masse mit einer dünnen, in einer Mächtigkeit von zehn Meilen erstarrten Schale. Auf dieser dünnen, mit Feuer erfüllten Schale, inmitten von Ozeanen, eine Handvoll festes Land.

Auf dem Land, zwischen Bäumen und Sträuchern, Insekten, Vögeln, Tieren wimmelt es von Menschen.

Und unter den Millionen von Menschen hast du noch ein – ja was denn? – Hälmchen, ein Stäubchen zur Welt gebracht, ein Nichts.

Es ist so hinfällig, dass eine Bakterie, die erst in tausendfacher Vergrößerung einen Punkt im Blickfeld darstellt, es töten kann ...

Aber dieses „Nichts" ist ein leibhaftiger Bruder der Woge im Meer, des Sturmwindes, des Blitzes, der Sonne und der Milchstraße. Dieses Stäubchen ist ein Bruder der Getreideähre, des Grases, der Eiche, der Palme – des Gelbschnabels im Vogelnest, des Löwenjungen, des Füllen und des kleinen Hundes.

In ihm ist etwas, das empfindet, untersucht – duldet, begehrt, sich freut, liebt, vertraut, hasst – glaubt, zweifelt, an sich zieht und abstößt.

Dieses Stäubchen umfasst mit seinen Gedanken alles: Sterne und Ozeane, Berge und Abgründe. Und was ist der Inhalt der Seele anders als das All, nur ohne Dimensionen.

Das ist nun der Widerspruch im menschlichen, aus vergänglichem Staub entstandenen Wesen, in dem Gott Wohnung genommen hat.

Du sagst:

„Mein Kind."

Nein, es ist ein gemeinsames Kind, ein Kind von Vater und Mutter, von Ahnen und Urahnen. [...]

Ein Kind ist wie ein Pergament, dicht beschrieben mit winzigen Hieroglyphen, die du nur zum Teil zu entziffern vermagst; manche aber kannst du auslöschen oder nur durchstreichen und mit eigenem Inhalt erfüllen.

Ein grausames Gesetz? Nein, eine gute Erkenntnis. Sie stellt in jedem Kind das erste Glied in der unendlichen Kette der Generationen her. Suche nach dem in deinem dir fremden Kinde schlummernden Teilchen von dir selbst. Vielleicht entdeckst du es, vielleicht kannst du es sogar zur Entfaltung bringen.

Das Kind und die Unermesslichkeit.
Das Kind und die Ewigkeit.
Das Kind – ein Stäubchen im unendlichen Raum.
Das Kind – ein Moment in der Zeit.

1; 2ff.

Der Mensch – ist wohl ein Geheimnis. Das Zusammenleben und die Zusammenarbeit der Leute – ist wohl ein Geheimnis. Das größte Geheimnis ist das Kind.

7; 49

Wir kennen das Kind nicht, schlimmer noch: wir kennen es aus Vorurteilen.
1; 226

Das Kind versteht Wunder und tut Wunder wie der Frühling.
7; 109

Das eine Kind:

Es ist zur Welt gebracht worden, und es hat sich bereits mit der kühlen Luft, der rauhen Windel, der Unruhe verschiedener Geräusche und der Tätigkeit des Saugens abgefunden. Es trinkt fleißig, berechnend und dreist. Schon lächelt es, lallt vor sich hin und kann seine Hände bewegen. Es wächst, untersucht seine Umgebung, krabbelt, läuft, plappert und spricht. Wie und wann ist das vor sich gegangen?

Eine heitere ungestörte Entwicklung ...

Ein anderes Kind.

Eine Woche ist vergangen, ehe es das Saugen gelernt hat. Ein paar unruhige Nächte. Eine Woche ohne Sorgen, und dann ein ganzer Tag voller Sturm. Die Entwicklung vollzieht sich etwas träge, das Zahnen ist beschwerlich. Es treten Schwankungen ein, aber nun ist alles in Ordnung: das Kindchen ist friedlich, lieb, lustig.

Vielleicht ist es ein geborener Phlegmatiker, die Betreuung wird nicht überlegt gehandhabt, die Brust ist nicht leistungsfähig genug, und die Entwicklung ist doch glücklich.

Ein drittes Kind:

Es ist ungestüm. Fröhlich und leicht erregbar, kämpft es verzweifelt und ohne seine Energievorräte zu schonen, wenn es von unguten Eindrücken äußerlich oder innerlich bedrängt wird. Lebhafte Bewegungen, plötzliche Veränderungen, heute ganz anders als gestern. Es lernt und vergisst auch wieder. Eine Entwicklung in gebrochener Linie mit steilen Anstiegen und Abfällen. Überraschungen, angefangen von den liebenswertesten bis zu den bedrohlichsten. Man weiß es nicht zu sagen, endlich meint man: ein leicht erregbares Kind, ein Trotzkopf, ein launisches Geschöpf, vielleicht für die Zukunft wertvoll …

Das vierte Kind:

Wollte man die Sonnen- und die Regentage berechnen, es gäbe nicht viele heitere Stunden. Unzufriedenheit als grundlegender Charakterzug. Es gibt keinen großen Schmerz, aber unliebsame Überraschungen; es gibt keinen Lärm, aber Unruhe. Gut wäre es, wenn … Niemals bleiben Vorbehalte aus.

7. Steinheimer Doppelrohrblatt-Workshop

Konzert in der Stadtkirche

Das Beste aus Dozenten- und Teilnehmer-Konzert

am Mittwoch,
den 29. August 2007,
19^{30} Uhr

Kammermusik Oboe und Fagott

Es erwartet Sie ein bunter Querschnitt aus unserer Arbeit im diesjährigen 7. Workshop.

Leitung:
Elke Heinrich (Oboe)
Andreas Benke, Anette Pulheim-Suys & Guido Spitz (Fagott)

Mitwirkende: Teilnehmer des 7. Steinheimer Doppelrohrblatt-Workshops

Eintritt frei

Das ist ein Kind mit Mängeln, unvernünftig erzogen ... Die Zimmertemperatur, hundert Gramm Milch zuviel oder hundert Gramm Trinkwasser zu wenig, das sind nicht nur hygienische, sondern auch erzieherische Faktoren. Das kleine Kind, das so vieles zu erforschen, zu ahnen, kennenzulernen, sich anzueignen, lieb zu gewinnen und abzulehnen, vernünftig abzuwehren und zu verlangen hat, muss ein gutes Selbstgefühl besitzen, unabhängig von seinem angeborenen Temperament oder seiner schläfrigen Klugheit.

1; 27ff.

Offenbar geht es sowohl den Kindern als auch den Erwachsenen nicht besonders gut. Die einen haben ihre Sorgen und ihre Gründe zur Traurigkeit, die anderen – die ihren.

Es könnte sogar so eingerichtet sein, dass der Mensch immer abwechselnd mal groß, mal klein ist. So, wie es den Winter und den Sommer, den Tag und die Nacht, den Schlaf und das Wachen gibt. Wenn es so wäre, würde sich niemand wundern. Sie würden sich eben besser verstehen – die Erwachsenen und die Kinder.

4; 75

Unter Kindern gibt es ebensoviel böse Menschen wie unter Erwachsenen; für sie ist es freilich weder nötig noch möglich, das zu zeigen.

In der Kinderwelt ereignet sich alles, was auch in der verderbten Welt der Erwachsenen geschieht. Du findest hier Vertreter aller Menschentypen und Muster aller ihrer nichtswürdigen Taten. Kinder ahmen nämlich das Leben, die Gespräche und die Bestrebungen des Milieus nach, in dem sie aufgewachsen sind, denn deren Leidenschaften sind alle bereits in ihnen angelegt.

Wenn ich morgen eine Gruppe von Kindern treffen werde, dann sollte ich bereits heute wissen, wer sie sind. Es wird unter ihnen Sanftmütige, Nachgiebige, Gutherzige und Vertrauensvolle geben – bis hin zu den ganz Boshaften, offensichtlich Feindlichen, die voller umstürzlerischer Initiative sind, oder bis zu den heuchlerisch nachgiebigen, konspirativ Bösartigen – Intriganten und Kinder mit verbrecherischen Anlagen.

1; 213

Gibt es ein Leben nur so zum Scherz! Nein, das Kindesalter – das sind lange, wichtige Jahre des menschlichen Lebens. Das grausame, aber in sich konsequente Recht Griechenlands und Roms lässt die Tötung von Kindern zu. Im Mittelalter ziehen Fischer in ihren Netzen die Leichen von ertränkten

Neugeborenen an Land. Noch im 17. Jahrhundert werden in Paris ältere Kinder an Bettler verkauft, jüngere verschenkt man vor den Portalen von Notre Dame. Das ist noch gar nicht lange her. Und bis zum heutigen Tage werden sie unterdrückt, wenn sie uns im Wege sind.

Die Zahl der unehelichen, verlassenen, vernachlässigten, ausgenutzten, verwahrlosten und misshandelten Kinder wird immer größer. Das Gesetz schützt sie zwar, aber genügt dieser Schutz noch? Es hat sich vieles verändert; die alten Gesetze bedürfen einer Revision.

Wir sind reich geworden. Wir genießen längst nicht mehr lediglich die Früchte der eigenen Arbeit. Wir sind Erben, Aktionäre, Miteigentümer eines ungeheuren Vermögens. Wie viele Städte, öffentliche Gebäude, Fabriken, Bergwerke, Hotels und Theater sind unser Eigentum; wie viele Waren auf den Märkten – von unzähligen Schiffen herbeigebracht – drängen sich dem Verbraucher förmlich auf und wollen – bitteschön verwendet werden.

Machen wir Bilanz, berechnen wir, wie viel dem Kinde danach vom Gesamteinkommen zusteht, wie viel ihm als sein rechtmäßiger Anteil nicht aus Gnade und nicht als Almosen zukommt. Prüfen wir redlich, wie viel wir davon dem Volk der Kinder, der Nation der Minderjährigen, der Klasse der Fronenden überlassen. Wie groß ist ihr Erbteil, wie soll es aufgeteilt werden; haben wir sie nicht – wie ein unredlicher Vormund – enterbt und enteignet?

Sie fühlen sich bedrängt, eingeengt, armselig, eintönig und streng behandelt.
3; 23f.

Ein Drittel der Menschheit sind Kinder und Jugendliche, ein Drittel des Lebens ist die Kindheit. Kinder werden nicht erst zu Menschen – sie sind bereits welche.
7; 106

Das Kind hat eine Zukunft, aber ebenso auch eine Vergangenheit; denkwürdige Ereignisse, Erinnerungen, viele Stunden bedeutenden, einsamen Grübelns. Ebenso wie wir erinnert es sich oder vergisst, schätzt oder verachtet, denkt logisch – und irrt, wenn es etwas nicht weiß. Mit Überlegung vertraut es und zweifelt.

Das Kind ist wie ein Fremdling, es versteht die Sprache nicht, es kennt den Verlauf der Straßen nicht, kennt die Gesetze und Bräuche nicht. Manchmal möchte es selbst entdecken; wenn es schwierig wird, bittet es um Hinweis und Rat. Es braucht jemanden, der es leitet und seine Fragen beantwortet. Wir sollten seine Unwissenheit achten!
3; 25f.

Das Kind läuft und springt herum, ohne Notwendigkeit schaut es umher, wundert sich und fragt; es weint leicht, aber es freut sich auch häufig. Ein sonniger Tag im Herbst ist ein richtiges Geschenk, weil die Sonne um diese Jahreszeit selten scheint; im Frühling ist es sowieso grün. So, wie es ist, ist's ihm genug, es braucht nur wenig, um sich zu freuen, wozu sich besonders anstrengen? Eilig und ohne uns viel Mühe zu machen fertigen wir es ab. Wir nehmen die Vielfalt seines Lebens und die Freude, die wir so leicht geben können, nicht ernst.

Uns entfliehen wichtige Viertelstunden und Jahre; das Kind hat Zeit, es wird schon fertig, es kann warten.

3; 12

Das Kindchen rutscht auf den Knien, es steht, wenn man es festhält oder es sich selbst auf die Bettkante stützt, es hält sich aufrecht ohne fremde Hilfe, es hat ein paar Schritte auf dem Fußboden und viele in der Luft gemacht, es schiebt sich vorwärts, kriecht, robbt, schiebt einen Stuhl vor sich her, ohne das Gleichgewicht zu verlieren, es wird immer sicherer, bis es richtig laufen kann. Und urplötzlich – gestern noch, die ganze Woche, ist es gelaufen, und nun kann es das nicht mehr. Es ist ein wenig überdrüssig, es hat die Lust verloren. Es ist hingefallen und hat sich erschreckt, nun ist es ängstlich – zwei Wochen Pause. [...]

Wann sollte ein Kind laufen und sprechen? Dann, wenn es läuft und spricht. Wann sollten die Zähnchen durchbrechen? Eben dann, wenn sie sich zeigen. Auch die Fontanelle sollte dann zuwachsen, wenn sie sich eben von selbst schließt. Und das Kind sollte solange schlafen, bis es ausgeschlafen ist. Wir wissen doch, wann das gemeinhin eintritt. In jeder populärwissenschaftlichen Broschüre sind, aus dickleibigen Handbüchern übertragen, diese kleinen Wahrheiten enthalten, die für Kinder im allgemeinen gelten, für ein Kind jedoch sich gerade als falsch erweisen können.

Denn es gibt Kleinkinder, die mehr, und andere, die weniger Schlaf brauchen, es gibt ein frühzeitiges Zahnen, bei dem die Zähnchen schon beim Durchbrechen schlecht sind, und gesunde, kräftige, intakte aber spät durchbrechende Zähne gesunder Kinder; die Fontanelle wächst bei gesunden Kindern schon im neunten oder auch erst im vierzehnten Monat ihres Lebens zu; Dummerchen fangen manchmal früher zu pappeln an, kluge Kinder sprechen bisweilen erst sehr spät. [...]

Denn es ist unwichtig, ob die oberen oder die unteren, die Schneide- oder die Backenzähne zuerst durchbrechen. Das kann jeder beobachten, der einen Kalender und Augen im Kopf hat; was aber ein lebendiger Organismus ist und wessen er bedarf, das ist eine große Wahrheit, die sich aber erst im Laufe der Zeit, aus Beobachtungen ergibt.

1; 38f.

Ist es gescheit?

Wenn die Mutter zunächst nur ängstlich diese Frage stellt, bald wird sie verlangen, dass es so sei. [...]

„Es spricht noch immer nicht ... Es ist älter als ... und trotzdem – Es lernt schlecht ...“

Anstatt zu beobachten, um zu erkennen und zu wissen, nimmt man das erste beste Beispiel eines „wohlgeratenen Kindes“ und fordert von seinem eigenen Kind: diesem Vorbild sollst du ähnlich sein.

Es darf nicht sein, dass vermögender Eltern Kind ein Handwerker wird. Es mag lieber ein unglücklicher und demoralisierter Mensch aus ihm werden. Keine Liebe zum Kind, sondern Egoismus der Eltern, nicht das Wohl des Einzelnen, sondern die Ambitionen des großen Haufens, kein Suchen nach gangbaren Wegen, sondern die Fessel der Schablone.

Es gibt aktive und passive Geister, lebendige und apathische, ausdauernde und launenhaft wechselnde, nachgiebige und widerspenstige, schöpferische und auf Nachahmung bedachte, blendende und solide, sachlich bestimmte und literarisch begabte Geister; es gibt ein hervorragendes und ein mäßig durchschnittliches Gedächtnis; Esprit in der Verwendung erworbenen Wissens und redliches Bedenken, angeborenen Despotismus und Reflexion, und Kritizismus; es gibt Früh- und Spätentwicklung, einseitige oder vielfältige Interessiertheit.

Aber wen geht das schon etwas an?

„Soll es doch wenigstens vier Klassen beenden“, so spricht die elterliche Resignation.

In Vorahnung einer glänzenden Renaissance physischer Arbeit sehe ich ihre Anwärter in allen Klassen der Gesellschaft. Derweilen schlagen sich Eltern und Schule mit jeder ungewöhnlichen, untypischen, schwachen oder unausgeglichenen Intelligenz herum. Es geht nicht darum, ob es gescheit, sondern vielmehr wie klug das Kind ist.

1; 10f.

Ein Mensch von angenehmem Aussehen – der hat es leichter, liebenswert zu sein. Ja, ein gesunder, hübscher, fröhlicher und begabter Mensch hat es leicht, beliebt zu sein. Er begrüßt die Menschen seinerseits mit einem freundlichen Lächeln, und sie geben es ihm zurück. Ein schwächlicher, hässlicher, bärbeißiger und unbegabter Mensch wird oft angegriffen und zum Narren gehalten. Er nähert sich anderen voller Misstrauen, und voller Widerwillen denkt er an seine vom Glück mehr begünstigten Mitmenschen.

Aber nur äußerst selten gibt es jemanden, der allen gefällt. Für den einen ist jemand hübsch, ein anderer meint, er sei nichts Besonderes.

„Reizend.“

„Ich finde ihn hässlich. Er sieht aus wie eine Puppe.“

Dem einen gefallen schwarze Augen, dem anderen blaue, der eine mag dunkles Haar, der andere helles. Er hat hübsche Augen, aber eine hässliche Nase, einen hübschen Mund, aber hässliche Zähne.

Manchmal heißt es, dass jemand nicht ausgesprochen hübsch, aber besonders anmutig sei. Ich weiß nicht, was das ist.

Ein freundliches Lächeln. Ein warmherziger Blick. Anmutig: nicht zu groß und nicht zu klein, nicht zu dick und nicht zu dünn. Anmut der Gestalt.

Manchmal gefällt uns jemand, weil er genau so aussieht wie alle anderen, die wir kennen, manchmal aber gerade deshalb, weil er ganz anders ist. [...]

Nicht nur ein junger Mensch kann auf einen hübschen Mund, auf freundliche Augen und auf schöne Worte hereinfallen. Früher habe ich mich oft gewundert, wenn jemand, den ich liebenswert fand, bei seinen Kameraden gar nicht beliebt war; ich habe diese sogar in dem Verdacht gehabt, sie seien eifersüchtig. Jetzt beobachte ich genauer und sehe ein, dass die Kameraden recht haben: sie wissen es besser. [...]

Jetzt glaube ich schon zu wissen, wer bei fast allen als der Liebenswerteste gilt. Keineswegs der hübscheste, der lustigste oder der begabteste – sondern vielmehr der, der gerecht, hilfsbereit und taktvoll ist.

3; 143f. 147

„Buben sind Menschen – und Mädchen ebenso. Es gibt also keinen Unterschied zwischen beiden."

So sagen die einen.

„Das ist nicht wahr. Mädchen sind ruhiger, gehorsamer, ordentlicher, fleißiger, zarter."

So sagen die anderen.

„Aber ich mag Buben lieber. Sie sind lustig, langweilen einen nicht, sind nicht gleich beleidigt; sie sind aufrichtiger, haben an allem größeres Interesse und lassen sich leichter überzeugen."

„Mädchen haben ein besseres Herz."

„Durchaus nicht, ein Bub ist hilfsbereit und tut einem gern etwas zulieb."

„Das ist nicht wahr."

So streiten sie und können sich nicht einig werden.

Andere wiederum behaupten:

„Es dürfte keinen Unterschied geben. Wenn sie gemeinsam lernten, gemeinsam in die Schule gingen, wären sie einander ganz und gar ähnlich."

Zum Schluss weiß niemand, wer recht hat.

Eines jedoch ist sicher:

Recht haben sowohl die, welche einen Unterschied feststellen, als auch die, welche die Ähnlichkeit betonen.

Auch zwischen dem Baum und dem Menschen besteht eine Ähnlichkeit: der Baum entsteht aus einem Samenkorn, er nimmt Nahrung zu sich, wächst, ist durstig, atmet, freut sich über die Sonne, wird alt und stirbt; auch er kann einschlafen und sich ausruhen, auch ihm kann man schaden, eine Krankheit oder eine Verletzung zufügen.

Und ein Vogel – liebt er nicht wie ein Mensch? Er trauert, er ist zornig, er hat Sehnsucht; und singt er etwa weniger schön als ein Mensch?

Und der Hund – ist er nicht ein treuer Gefährte?

Ähnlich sind den Kindern auch die Erwachsenen …

Aber – unterscheiden sich nicht alle diese auch voneinander? Findest du unter Buben auch nur zwei, die einander in jeder Hinsicht ähnlich sind? Und sind denn alle Mädchen einander gleich?

Wenn es aber nun nur Gemeinschaftsschulen gäbe?

Es gab ja immer Koedukation, und es gibt sie noch. Trotzdem können Unterschiede zwischen Buben und Mädchen sehr groß oder nur gering sein.

Man muss streng unterscheiden zwischen dem, was die Menschen wünschen und wollen, und dem, was wirklich ist.

Also: ist ein Bub besser, oder ein Mädchen?

Jeder Mensch hat Vorzüge und Fehler; wer wüsste das nicht? Vorzüge und Fehler haben die Mädchen, aber auch die Buben. Daher sollten sie sich miteinander verständigen, einander achten, Nachsicht üben und einander gern haben.

Sehr lange war auch ich der Ansicht, dass Männer und Frauen nur deshalb unterschiedliche Wesenszüge haben, weil sie in alten Zeiten einen unterschiedlichen Rechtsstatus hatten; die jungen Männer zogen in den Krieg oder gingen auf die Jagd, die Mädchen pflegten Kranke, spannen und kochten. Daher sind die Buben kräftiger und schneller als die Mädchen, und sie lieben auch andere Spiele. Daran sind sie seit langem gewöhnt worden.

Als ich noch ein Bub war, sagten die Erwachsenen – heute hört man das schon seltener – oft und gern:

„Es schadet nichts, wenn ein Bub Unfug treibt. Soll er ruhig ein Lausbub sein. Bei einem Mädchen ist das anders."

Das klingt so, als ob ein Bub immer draufgängerisch sein müsste, ein Mädchen dagegen furchtsam; als ob ein Bub lebhaft, ein Mädchen still, ein Bub leichtsinnig, ein Mädchen nachdenklich sein müsste.

Die Mädchen beneideten die Buben, und es gab keine Eintracht. Aber die Zwietracht dauert auch heute noch an. Warum wohl?

Ich habe lange beobachtet und nachgedacht, und ich bin zu folgender Einsicht gekommen:

Es ärgert die Buben, dass die Mädchen schneller wachsen und früher reifen.

Es ist angenehm, größer zu werden. Und da bemerkt der Bub plötzlich, dass ihn das Mädchen überholt. Sie ist im gleichen Alter oder sogar jünger, sieht aber älter aus.

„Was fällt der ein? Schau an: sie spielt sich auf wie eine junge Dame."

Das heißt: sie tut erwachsen.

Der Bub leidet entweder still, oder er wird aggressiv und setzt ihr zu.

„Junge Dame“, sagt er verächtlich oder auch zornig.

Manchmal macht sich das Mädchen deswegen sogar selber Kummer, und es will nicht weiter wachsen; ich kenne Fälle, in denen Mädchen nichts mehr aßen, weil sie um keinen Preis größer werden wollten. Manchmal ist ein Mädchen aber auch aufgebracht, und sie sagt:

„So ein Rotzbub.“

Und schon gibt es Krieg.

Wenn der Bub gewandter und stärker ist, bemüht er sich, dem Mädchen zu zeigen, dass er trotzdem die wichtigere Person ist; wenn er schwächer ist, wird er widerborstig und tut ihr vieles gerade zum Trotz. Wenn er mit einem einzigen Mädchen Streit bekommen hat, fühlt er sich von allen verletzt.

Am schlimmsten ist es, wenn Menschen einander etwas zum Possen tun, wenn sie es in der Absicht tun, den anderen zu ärgern.

So ist es nun einmal: dem einen fällt etwas schwerer, dem anderen leichter, der eine ist gesund und kräftig, der andere schwächlich, der eine besitzt mehr, der andere weniger – aber es sollte doch wenigstens nicht so sein, dass der eine gerade über das bekümmert ist, was dem anderen Freude macht, dass der eine über das weint, worüber der andere lacht. [...]

Mädchen schlagen einander seltener: zum einen schickt es sich nicht, und zum andern bringt es die Kleider und die Haare durcheinander; daher haben sie weniger Übung und kennen die Kampfregeln nicht. Also kneifen und kratzen sie – mit den Fingern oder mit Worten. Spott, Geheimnistuerei, Klatsch, Streitereien.

Das reizt die Buben sehr. Es sieht so aus, als seien sie aufrichtig und offen, die Mädchen aber hinterhältig.

Hier begehen die Erwachsenen einen großen Fehler, wenn sie die Mädchen in Schutz nehmen. Sie glauben, ein Schlag mit der Hand schmerze mehr als ein beleidigendes, spitzes Wort.

Hier habe ich mich geirrt: ich habe lange Zeit geglaubt, derjenige habe angefangen, der als erster zuschlug. Durchaus nicht: schuld ist immer der, welcher zuerst das böse Wort gebraucht hat.

„Unschuldslämmer, Heuchlerinnen, Mimosen, beleidigte Leberwürste, Heulsusen, Petzerinnen.“

Es ist wahr, Mädchen geben sich oft besser, als sie sind. Aber auch Buben sind eigentlich unaufrichtig, denn sie geben sich schlimmer als sie sind.
3; 150ff.

Diese unerfahrene Jugend glaubt noch, sie könne Zuneigung und Widerwillen, Achtung und Abscheu – ihren Gefühlen entsprechend – ganz offen zeigen.

Diese unerfahrene Jugend glaubt, sie könne von sich aus Beziehungen anknüpfen oder abbrechen, überkommene Formen beachten oder geringschätzen, mit Gewohnheitsrechten einverstanden sein oder sich ihnen entziehen.

„Ich pfeif' drauf, das kümmert mich nicht, sollen sie doch reden, ich will ganz einfach nicht, was geht mich das an?"

1; 148

Das Verhältnis der sogenannten reifen Leute zu Jugendlichen ist, schlicht gesagt, nicht loyal. Wir geben den Kindern mit vollen Händen Rat und Hinweise. Wir sind so erfahren, so klug, nach der Überzeugung der Kinder – allwissend. Wir können vorbeugen, vorsehen, wir machen Prophezeiungen, jeder Situation sind wir gewachsen, wir sind umhüllt vom Nimbus der Autorität. Darum hat die Jugend das Recht zu fordern, dass wir dem Kern ihrer Konflikte und Streitigkeiten mit der Welt und mit sich selbst auf den Grund gehen, dass wir immer für sie da sind und ihr wachsam mit Rat und Tat zur Seite stehen. Und siehe da, zu ihrem Erstaunen und Bedauern muss sie sich davon überzeugen, dass wir vortäuschen, nichts bemerkt zu haben oder dass wir uns feige abwenden und darüber hinweggehen. Dafür mischen wir uns desto lästiger in Kleinigkeiten ein und geben Befehle, ihre materielle Abhängigkeit dabei ausnützend, das einzige, was ihr noch geblieben ist. [...]

Es ist nicht die Schuld der Erwachsenen, dass sie nicht wissen und nicht können, ihre Schuld liegt darin, dass sie dies vor den Kindern verschweigen. Im Angesicht des All, seiner Geheimnisse und ehernen Gesetze, die in ihm herrschen, sind wir wie die Kinder gleich hilflos, bekümmert und unwichtig. Wenn wir die Kinder nicht täuschen, nicht betrügen würden, durch unsere Macht nicht irreführen, sie würden viel eher verstehen, was die Jugend sonst nur erraten kann.

7; 127

2. Kapitel

DAS RECHT DES KINDES AUF ACHTUNG

Korczak formuliert in seinen Büchern „Das Recht des Kindes auf Achtung" und „Wie man ein Kind lieben soll" eine Vielzahl von Rechten wie z.B. das Recht des Kindes auf Liebe, auf Achtung, auf optimale Bedingungen für sein Wachstum und seine Entwicklung; das Recht des Kindes, in der Gegenwart zu leben, es selbst zu sein, das Recht auf Fehler oder zu versagen, das Recht auf Geheimnisse oder darauf, dass man seinen Schmerz respektiert, das Recht auf Zwiesprache mit seinem Gott. Das Kind hat ein Recht auf Erziehung, aber auch das Recht, sich erzieherischen Einflüssen zu widersetzen. Weiter finden wir das Recht auf Unwissenheit und das Recht, ernst genommen zu werden.

Das Kind ist für Korczak als gleichberechtigtes Mitglied der Gesellschaft zu respektieren. Die Achtung des Kindes durch den Erwachsenen lehrt das Kind, andere Menschen zu achten. Wer Kindern Rechte zugesteht, erkennt ihren Anspruch auf menschliche Würde, auf Achtung und Vertrauen an.

Kinder benötigen Freiräume für eigene Erfahrungen, Selbstbestimmung und Eigenständigkeit, auch wenn dies gewisse Risiken mit sich bringt. Kinder sind oft Gefangene der Ängste ihrer Eltern, und auch ein Übermaß an Fürsorge, inzwischen „overprotection" genannt, kann einengend wirken. Die Möglichkeit, Erfahrungen am eigenen Leib machen zu können, soll nach Korczak jedoch nicht durch einen gänzlichen Mangel an Aufsicht ersetzt werden.

Im Recht des Kindes auf den heutigen Tag wird der absolute Wert der Kindheit betont, als Teil des wirklichen Lebens und nicht als Vorbereitung auf das Leben der Erwachsenen. Eltern und Erzieher glauben zu wissen, was Kinder in Zukunft brauchen. Kinder haben jedoch Bedürfnisse im Hier und Jetzt.

Das Kind hat das Recht, so zu sein, wie es ist. Nicht elterliche Wünsche oder der Ehrgeiz von Erziehern dürfen Maßstab für den Entwicklungsweg des Kindes sein, sondern die ihm vorgegebenen körperlichen und seelischen Möglichkeiten. Das Kind ist in seiner äußeren Erscheinung zu achten und in dem, was es denkt. Kinder sind Menschen, keine Puppen. Sie haben das Recht auf Mittelmäßigkeit. Es geht nicht darum, wie das Kind sein soll, *sondern wie es sein* kann. *Eltern und Erzieher sollten das Kind zunächst einmal kennen lernen und ihre trügerische Sehnsucht nach vollkommenen Kindern aufgeben, dafür aber das Kind in seiner Einmaligkeit ernst nehmen.*

Das Recht des Kindes auf Achtung und die uneingeschränkte Liebe sind Korczaks pädagogisches Credo.

Deshalb fordere ich, endlich aufzuhören mit dem falschen Schein unseres zärtlichen und duseligen, geradezu gnädigen Verhältnisses zum Kind, statt dessen sollte man fragen, welche Rechte es hat.
7; 104

Ich fordere die Magna Charta Libertatis, als ein Grundgesetz für das Kind. Vielleicht gibt es noch andere – aber diese drei Grundrechte habe ich herausgefunden:

1. Das Recht des Kindes auf seinen Tod,
2. Das Recht des Kindes auf den heutigen Tag,
3. Das Recht des Kindes, so zu sein, wie es ist.

Man muss die Kinder kennen, um bei der Gewährung dieser Rechte möglichst wenig falsch zu machen. Irrtümer müssen sein. Seien wir nicht ängstlich: das Kind selbst wird sie mit erstaunlicher Wachsamkeit korrigieren, wenn wir seine unschätzbaren Fähigkeiten und mächtigen Abwehrkräfte nicht schwächen.

Wir haben ihm zu viel oder Ungeeignetes zu essen gegeben: zuviel Milch – ein nicht mehr frisches Ei – es hat erbrochen. Wir haben ihm ein unverdauliches Wissen zu vermitteln versucht – es hat es nicht begriffen; einen nutzlosen Rat gegeben – es hat ihn nicht verstanden und ihn nicht befolgt.

Es ist keine leere Phrase, wenn ich sage: zum Glück für die Menschheit können wir Kinder nicht dazu zwingen, erzieherischen Einflüssen und didaktischen Anschlägen auf ihren gesunden Menschenverstand und ihren Willen nachzugeben.
1; 40

Wer das Kind liebt, der unterdrückt es nicht. [...]

Mit dem Heranwachsen gewinnt das Kind Rechte. Freier, mit der Möglichkeit der Befreiung von den Fesseln der gleichaltrigen Gesellschaft, schon mit der Macht über die Jüngeren, sieht es dem Moment der endgültigen Befreiung entgegen.
7; 38

Wir achten das Kind gering, weil es noch nicht viel weiß, noch nicht scharfsinnig ist, noch keine Vorahnungen hat.

Es weiß nichts von den Schwierigkeiten und Verwirrungen im Leben der Erwachsenen, es weiß nicht, warum wir manchmal aufgeregt, mutlos und abgespannt sind, warum unser Friede gestört ist und warum wir schlechte Laune haben: es kennt keine völligen Niederlagen und Bankrotterklärun-

gen. Es ist nicht schwer, das arglose Kind in Sicherheit zu wiegen, es zu täuschen und ihm zu verheimlichen, was es nicht erfahren soll.
3; 11

Von frühester Kindheit an wachsen wir in dem Gefühl auf, dass das Große mehr Bedeutung hat als das Kleine.

„Ich bin groß“, freut sich das Kind, wenn man es auf einen Tisch stellt. – „Ich bin größer als du“, stellt es stolz fest, wenn es neben einem Gleichaltrigen steht und seine Größe an ihm misst.

Wie beschämend ist es, wenn man sich auf Zehenspitzen hoch empor reckt und doch nicht weit genug hinauflangen kann; wie fällt das schwer, mit kleinen Schritten hinter den Großen herzulaufen, und aus der kleinen Hand rutscht das Glas so leicht. Ungeschickt und mühsam klettert es auf den Stuhl, in das Fahrzeug oder die Treppen hinauf; es kann den Griff nicht erreichen, nicht aus dem Fenster gucken, kein Kleidchen und kein Bild herabnehmen oder wieder aufhängen – das ist ja alles viel zu hoch. In der Menge wird es verdeckt, übersehen, gestoßen. Es ist schon sehr unbequem klein zu sein.

Achtung und Bewunderung erweckt nur das, was groß ist und mehr Platz einnimmt. Klein – das bedeutet alltäglich und wenig interessant. Kleine

Leute, kleine Bedürfnisse, kleine Freuden und kleine Traurigkeiten.

Das macht Eindruck: eine große Stadt, gewaltige Berge, ein hochgewachsener Baum. Wir sagen:

„Eine große Tat, ein großer Mensch."

Ein Kind ist klein, sein Gewicht gering, es ist nicht viel von ihm zu sehen. Wir müssen uns schon zu ihm hinunterneigen. Und was noch schlimmer ist, das Kind ist schwach.

Wir können es hochheben, in die Luft werfen, es gegen seinen Willen irgendwohin setzen, wir können es mit Gewalt im Lauf aufhalten – wir können all sein Bemühen vereiteln.

3; 7

Wodurch unterscheidet sich der geistige Organismus des Kindes von dem unsrigen? Wie ist er geartet, wessen bedarf er, und welche nicht wahrnehmbaren Möglichkeiten birgt er in sich? Wie steht es um jene Hälfte der Menschheit, die mit uns und neben uns in tragischem Zwiespalt lebt? Wir belasten sie mit den Pflichten des Menschen von morgen, ohne ihr die Rechte des Menschen von heute zuzugestehen.

1; 73

Habt Achtung vor der Wissbegierde und dem Erkenntnisdrang des Kindes!

Habt Achtung vor Kummer und Tränen. Wir sollten nicht nur den zerrissenen Strumpf beachten, sondern auch das aufgeschürfte Knie, nicht nur über das zerschlagene Glas lamentieren, sondern die Schnittwunde am Finger sehen, den blauen Fleck, die Beule, den Schreck, den Schmerz. […]

Wir sollten Achtung haben vor den Geheimnissen und Schwankungen der schweren Arbeit des Wachsens!

2; 37f.

Es hatte sich bei mir noch nicht die Einsicht herausgebildet und bestätigt, dass es das erste und unbestreitbare Recht des Kindes ist, seine Gedanken auszusprechen und aktiven Anteil an unseren Überlegungen und Urteilen über seine Person zu nehmen. Wenn wir ihm Achtung und Vertrauen entgegenbringen und wenn es selbst Vertrauen hat und sich ausspricht, wozu es das Recht hat – wird es weniger Zweifel und Fehler geben.

1; 40f.

Keinem bleiben die Fehler erspart, die ihren Ursprung in dem gewohnten Zwang herkömmlicher Begriffe haben, in der Annahme allgemeingültiger Verhaltensweisen, in dem üblichen Verhältnis zu Kindern als zu niederen Wesen, die unzurechnungsfähig sind und uns in ihrer naiven Unerfahrenheit belustigen.

Geringschätzig, spöttisch oder gönnerhaft wirst du dich ihren Sorgen, Wünschen und Fragen gegenüber verhalten und damit immer irgendein Kind empfindlich verletzen.

Ein Kind hat das Recht, zu verlangen, dass man seinen Kummer ernst nimmt, und sei es den um ein verlorenes Steinchen.

1; 180

Lasst uns Achtung fordern für die hellen Augen, die glatten Schläfen, die Anstrengung und die Zuversicht der Jugend. Aus welchen Gründen sollten trübe Augen, eine faltige Stirn, schütteres graues Haar und gebeugte Resignation verehrungswürdiger sein? [...]

Wir sollten Achtung haben, wenn nicht gar Demut, vor der hellen, lichten, unbefleckten, seligen Kindheit.

3; 36f.

Ein Kind hat das Recht zu wollen, zu mahnen, zu fordern – es hat das Recht zu wachsen und zu reifen und wenn es reif geworden ist, Früchte zu bringen. Das Ziel der Erziehung aber ist: nicht lärmen, die Schuhe nicht zerreißen, gehorchen und Befehle ausführen, nicht kritisieren, sondern glauben, dass alles das nur seinem Wohle dient.
1; 159

Die heiße, einsichtige und ausgeglichene Liebe der Mutter zu ihrem Kinde muss diesem das Recht auf einen frühzeitigen Tod zugestehen, das Recht zur Beendigung seines Lebenslaufes nicht nach sechzig Umdrehungen der Erde um die Sonne, sondern nach einem oder auch nur drei Frühjahren. Ein grausames Ansinnen an jene, die Mühen und Kosten eines Kindbettes nicht öfter als ein- oder zweimal auf sich nehmen wollen.

„Der Herr hat's gegeben – der Herr hat's genommen", sagt das natürlich empfindende, einfache Volk, das weiß, dass nicht jedes Samenkorn eine Ähre hervorbringt, nicht jedes Küken lebensfähig zur Welt kommt, nicht jeder Setzling zu einem Baum heranwächst.

Die Meinung besteht, dass eine um so kräftigere Generation am Leben bleibt und heranwächst, je größer die Kindersterblichkeit unter dem Proletariat ist. Nein: die schlechten Lebensbedingungen, die schwachen Kindern den Tod bringen, schwächen auch die kräftigen und gesunden. Wahr scheint mir dagegen zu sein, dass ein Kind um so ungünstigere Bedingungen für seine körperliche und geistige Entwicklung vorfindet, je mehr eine Mutter aus vermögenden Kreisen durch den Gedanken an einen möglichen Tod des Kindes erschreckt wird. Wie oft habe ich in einem mit weißer Ölfarbe gestrichenem Zimmer inmitten von weißlackiertem Gerät, weiß gekleidet und von weißem Spielzeug umgeben ein blasses Kind gesehen, und ich habe dabei quälend empfunden: in diesem unkindlichen Zimmer, das eher einem Operationssaal gleicht, muss ja eine blutleere Seele in einem blutarmen Körper aufwachsen. [...]

Aus Furcht, der Tod könnte uns das Kind entreißen, entziehen wir es dem Leben; um seinen Tod zu verhindern, lassen wir es nicht richtig leben. Selbst in der verderblichen Atmosphäre lähmenden Wartens auf das, was kommen soll, aufgewachsen, eilen wir ständig einer Zukunft voller Wunder entgegen. Träge wie wir sind, wollen wir das Schöne nicht heute und hier suchen, um uns zum würdigen Empfang des morgigen Tages zu rüsten: Sondern das Morgen selbst soll uns neuen Aufschwung bringen. Bedeutet denn jenes: „Ach, wenn es doch schon laufen und sprechen könnte“ etwas anderes als hysterisches Warten?

Es wird laufen, es wird sich an den harten Kanten von Eichenholzstühlen stoßen. Es wird sprechen, es wird mit seiner Sprache das Stroh des grauen Alltags dreschen. Warum sollte denn das „Heute“ des Kindes schlechter und wertloser als sein „Morgen“ sein? Wenn es um die Mühen geht – das Morgen wird noch mehr davon bringen. [...]

Das Bangen um das Leben des Kindes verbindet sich mit der Furcht, es könnte sich verletzen. Und diese Furcht wiederum ist mit der Sorge um die zur Aufrechterhaltung der Gesundheit notwendige Sauberkeit verknüpft. Hier nun wird die Laufkette der Verbote auf ein neues Schwungrad übertragen: Sauberkeit und Unversehrtheit des Kleides, der Strümpfe, der Krawatte, der Handschuhe und der Schuhe; schon geht es nicht mehr um das Loch in der Stirn, sondern um das in der Hose. Nicht Gesundheit und Wohl des Kindes, sondern unser Ehrgeiz und unser Geldbeutel spielen die Hauptrolle. Eine neue Laufkette von Verboten und Geboten setzt das Rad unserer eigenen Bequemlichkeit in Gang.

„Lauf nicht so, du gerätst noch unter die Pferde. Lauf nicht, denn du kommst ins Schwitzen. Lauf nicht, denn du machst dich schmutzig. Lauf nicht, denn mir tut der Kopf weh!“

(Und doch gestatten wir den Kindern grundsätzlich das Laufen: es ist die einzige Lebensäußerung, die wir zulassen.)

Diese ganze monströse Maschine ist Jahr für Jahr in Tätigkeit, um den Willen zu zerstören, die Energie zu zermahlen und die Lebenskraft des Kindes in Rauch aufgehen zu lassen. [...]

Es ist nun nicht etwa so, dass ich es gutheiße, ein Übermaß an Fürsorge durch einen gänzlichen Mangel an Aufsicht zu ersetzen.
1; 41, 44f., 48

Wenn von einhundertfünfzig ein Junge so gut schwimmen kann, dass ihm keine Gefahr droht – er wohnt an der Weichsel, verbringt den halben Tag im Wasser und schwimmt ohne Mühe über den Fluss –, und wenn es die anderen Kinder zulassen, kannst du ihm sogar erlauben, allein baden zu gehen. Du musst eben den Mut aufbringen, ein bisschen Angst um sein Leben auf dich zu nehmen.
1; 270

Die Tür – es quetscht sich den Daumen, das Fenster – es lehnt sich hinaus und fällt, ein Obstkern – es bekommt keine Luft mehr, ein Stuhl – es kippt ihn um und gerät unter ihn, ein Messer – es verletzt sich schwer, ein Stock – es sticht sich ein Auge aus, es hat eine Schachtel aufgehoben – es infiziert sich, ein Streichholz – Feuer, es brennt sich.

„Du wirst dir die Hand brechen, man wird dich überfahren, der Hund wird dich beißen. Iss keine Pflaumen, trink kein kaltes Wasser, geh nicht barfuß, lauf nicht in der brennenden Sonne herum, knöpf den Mantel zu, bind den Schal um. Siehst du, warum hast du nicht gefolgt. Nun musst du hinken, nun tun dir die Augen weh. Um Gottes willen! Du blutest ja! Wer hat dir denn ein Messer gegeben?“

Ein Schlag verursacht nicht nur eine Beule, sondern lässt auch eine Gehirnentzündung befürchten, Erbrechen zeugt nicht von der Unverdaulichkeit einer Mahlzeit, sondern weist auch auf eine nahende Scharlacherkrankung hin. Überall lauern Fallen und Gefahren, alles ist bedrohlich und unheilverkündend.

Und wenn nun ein Kind das alles glaubt und nicht heimlich ein Pfund unreife Pflaumen isst oder irgendwo in einem Winkel – mit klopfendem Herzen – mit Streichhölzern spielt, nachdem es die Wachsamkeit der Erwachsenen eingeschläfert hat, wenn es gehorsam, passiv und vertrauensvoll sich der Forderung unterwirft, jeder Erfahrung aus dem Wege zu gehen, jedem Wagnis zu entsagen und die Mühen jeder Willensregung zu vermeiden, was wird es dann tun, wenn es in seinem Inneren etwas verspürt, was verwundet, brennt und beißt?
1; 43

Wir sollten auch die gegenwärtige Stunde achten, den heutigen Tag. Wie soll es morgen leben können, wenn wir es heute nicht bewusst, verantwortungsvoll leben lassen?

Wir sollten nicht treten, nicht vernachlässigen, nicht das Morgen fesseln, es nicht auslöschen, nicht eilen, nicht hetzen.

Wir sollten jeden einzelnen Augenblick achten, denn er stirbt und wiederholt sich nicht, und immer sollten wir ihn ernst nehmen; wird er verletzt, so bleibt eine offene Wunde zurück, wird er getötet, so erschreckt er uns als ein Gespenst böser Erinnerungen.

Lassen wir das Kind doch unbeschwert die Freude des frühen Morgens genießen und vertrauen. Das Kind will es eben so. Die Zeit ist ihm nicht zu schade für ein Märchen, für ein Gespräch mit seinem Hund, fürs Ballspielen, fürs genaue Betrachten eines Bildes, fürs Nachzeichnen eines Buchstabens – aber all das mit Freude. Es hat recht. In unserer Naivität fürchten wir den Tod und wissen nicht, dass das Leben ein Reigen vergehender und wieder neu entstehender Augenblicke ist. Ein Jahr – das ist nur der Versuch, die Ewigkeit im Alltag zu begreifen. Ein Augenblick dauert so lange wie ein Lächeln oder ein Seufzer. Eine Mutter möchte ihr Kind erziehen; aber dies wird sie nicht erwarten: dass ständig eine andere Frau einen anderen Menschen verabschiedet und begrüßt.

Unbeholfen teilen wir die Jahre in mehr oder weniger reife auf; es gibt gar kein unreifes Heute, keine Hierarchie des Alters, keinen höheren oder tieferen Rang des Schmerzes und der Freude, der Hoffnung und Enttäuschung. Wenn ich mit einem Kind spiele oder spreche – dann haben sich zwei gleichwertig reife Augenblicke in meinem und in seinem Leben verbunden; wenn ich mit einer Kinderschar zusammen bin, dann begrüße oder verabschiede ich immer ein einzelnes einen Augenblick lang mit einem Blick oder einem Lächeln. Wenn ich in Gegenwart eines Kindes ärgerlich bin, dann vergewaltigt und vergiftet nur mein böser, rachsüchtiger Augenblick den reifen und wichtigen Augenblick in seinem Leben.

Verzichten um des Morgens willen?
3; 28f.

Man gestattet unseren Kindern nicht, nach eigenem Willen und Verstand zu leben. Wir bereiten sie ständig auf das zukünftige Leben vor, wenn sie erwachsen sein werden, inzwischen schmälern wir ihre Rechte und schränken sie ein. Es wird immer im Namen ihrer Erziehung und ihres Schutzes gehandelt, aber tatsächlich für die eigenen Belange und aus Bequemlichkeit. [...]

Aber dies alles und vieles andere bewirkt, dass das Kind schnell erwachsen sein will, wachsen, sich befreien, die Fesseln abwerfen, unabhängig sein, zu

sich selbst zurückfinden will. Sie warten und träumen – endlich ein Ende der Sklaverei, endlich die erträumte Freiheit.
7; 41

Wer die Kindheit überspringen will und dabei in die fernliegende Zukunft zielt – wird sein Ziel verfehlen.
6; 20

Warum sollte denn das „Heute“ des Kindes schlechter und wertloser als sein „Morgen“ sein? Wenn es um die Mühen geht – das Morgen wird noch mehr davon bringen.

Und wenn dieses Morgen endlich da ist, warten wir erneut; denn die grundsätzliche Meinung, das Kind sei noch nichts, sondern es werde erst etwas, es wisse noch nichts, sondern es werde erst etwas wissen, es könne noch nichts, sondern werde erst etwas können, zwingt uns ja zu ständigem Warten. […]

Um der Zukunft willen wird gering geachtet, was es heute erfreut, traurig macht, in Erstaunen versetzt, ärgert und interessiert. Für dieses Morgen, das es weder versteht, noch zu verstehen braucht, betrügt man es um viele Lebensjahre.

„Kinder und Fische haben keine Stimme. – Du hast Zeit, warte, bis du groß wirst. – Oho, hast ja lange Hosen an, du hast ja schon eine Uhr. Lass mal sehen, dir wächst ja schon der Bart."

Und das Kind denkt:

„Ich bin nichts – aber was sind die Erwachsenen! Nun bin ich schon ein bisschen älter und immer noch nichts. Wie viel Jahre soll ich noch warten? Wenn ich nur erst erwachsen wäre ..."

Es wartet und lebt so vor sich hin, es wartet und kann nicht frei atmen, es wartet und erwartet etwas, es wartet und schluckt seinen Speichel herunter. Die schöne Kindheit – nein, sie ist nur langweilig; und wenn es ein paar schöne Augenblicke gibt, dann sind sie ertrotzt und öfter noch erlistet.
1; 44ff.

Ich bin verantwortlich für den heutigen Tag meines Zöglings, es ist mir kein Recht gegeben, sein zukünftiges Schicksal zu beeinflussen und mich da einzumischen.

Aber dieser heutige Tag soll heiter sein, voll froher Anstrengungen, kindlich, sorglos, ohne Verpflichtung, die über das Alter und die Kräfte hinausgeht.
6; 60

Es gibt gewissermaßen zwei Leben: das eine angesehen und geachtet, das andere nachsichtig geduldet und von geringerem Wert. Wir sprechen von dem zukünftigen Menschen, dem zukünftigen Arbeiter und dem zukünftigen Staatsbürger. Das liegt noch in weiter Ferne, das beginnt wahrhaftig erst später, das wird erst in Zukunft ernst. Wir lassen gnädig zu, dass die Kinder sich an unserer Seite tummeln, bequemer ist es jedoch ohne sie.

Nein, sie waren in jedem Fall immer da und werden es auch in Zukunft sein. Sie haben uns nicht unerwartet und nur für kurze Zeit überfallen. Die Kinder – sie sind kein flüchtiges Zusammentreffen mit einem Bekannten, den man in der Eile übersehen und mit einem Lächeln und einem Gruß leicht wieder los werden kann. Die Kinder machen einen hohen Prozentsatz der Bevölkerung, der Menschheit, der Nation, der Einwohnerschaft, der Mitbürger aus. Sie sind ständige Gefährten. Sie waren da, sie sind da, und sie werden immer da sein.

Gibt es ein Leben nur so zum Scherz! Nein, das Kindesalter – das sind lange, wichtige Jahre des menschlichen Lebens.

3; 23

Und hier noch ein Beispiel – dieses ist nicht aus dem Leben genommen, sondern ich habe es mir ausgedacht: Stellt Euch vor, der berühmte Komponist Grieg, oder Paderewski, Reszke oder Ibsen – haben einen Sohn.

– Was möchtest Du werden? – fragen Vater Grieg, Reszke oder Ibsen ihren Sohn.

– Ich möchte Schornsteinfeger werden.

– Mein Kind, bedenke – sagt der berühmte Vater – durch meinen Namen, meine Beziehungen und mein Vermögen kannst Du eine ganz andere Stellung im Leben einnehmen.

– Mein Papachen, entweder erlaubst Du mir, Schornsteinfeger zu werden, oder ich erschieße mich.

Und stellt Euch vor, der Vater erlaubte dem Sohn, Schornsteinfeger zu werden. Ich bin fest davon überzeugt, dass dieser junge Mann einer der glücklichsten Menschen der Welt geworden ist. Die vom Vater geerbte Intelligenz würde er für die Tätigkeit des Schornsteinfegens einsetzen, eine neue Methode für das Hinabsteigen in die Schornsteine erfinden, auch einen Spezialstoff für die Arbeitsanzüge der Schornsteinfeger, er würde ein Orchester und eine Gesellschaft für Schornsteinfeger gründen, er würde Vorsitzender der Kasse der Witwen und Waisen von Schornsteinfegern werden, er würde das Niveau dieses Gewerbes auf der ganzen Welt heben, seine Kollegen würden ihn verehren, seine Nachfolger würden ihn in Ehren halten.

Was würde jedoch geschehen, wenn der Jüngling seine Ideale, die ihn so tief ergriffen haben, dem Willen des Vaters opfern würde?

Wäre er Komponist geworden, würde man ihn halblaut loben, bis jemand, ein bisschen kühner von Natur aus, rufen würde: „Schornsteinfeger hätte er werden sollen."

Und er würde (in hilflosem Schmerz) an seinen Kleidern herumnesteln, gebrochen, unglücklich. Und wie viel mehr Enttäuschungen würden ihn erwarten, wenn er eine finanzielle oder diplomatische Laufbahn eingeschlagen hätte – drei- und viermal so unglücklich wäre er geworden. [...]

Ich wende mich jetzt an die Eltern.

Eltern!

Wenn Ihr kleine Kinder habt, versucht, sie auszuhorchen, was sie werden wollen, versucht, in ihnen Interessen wachzurufen.

Eltern!

Wenn Ihr große Kinder habt, stört sie nicht in ihren Vorhaben.

Wenn Euer Jan nicht schon in den Kinderjahren Fliegen, Goldfische, Katzen heilt, wenn er nicht seine Hosen, Kakerlaken und Bücher zerschneidet; wenn er nicht ein einziges Mal seine jüngeren Geschwister mit giftigen Pilzen, wilden Beeren oder anderen Spezialitäten versorgt – drängt ihn nicht zum Medizinstudium.

Wenn Euer Wazek seinen Pudel, sein Schwesterchen, das Dienstmädchen, das die Vase – ein Andenken an die Großmutter – zerdeppert hat, nicht vor Strafe schützt, erlaubt ihm nicht, Anwalt zu werden, um so weniger, wenn er ein Wahrheitsfanatiker ist.

Wenn Ihr anders handelt, beschwört Ihr auf Euch und Eure Nachkommen ein Unglück herauf.

6; 115ff.

Wie selten ist ein Kind grad so, wie wir es haben möchten, wie oft geht das Gefühl der Enttäuschung Hand in Hand mit dem Größerwerden.

„Es müsste doch längst ..."

Als Anerkennung für alles, was wir ihm gutwillig geben, sollte es unsere Mühe belohnen, verständig sein, sich fügen und verzichten lernen; vor allem aber sollte es dankbar sein.

3; 16

Ein Kind hat das Recht jemanden zu belügen, einem etwas abzulisten, einem etwas abzunötigen, einen zu bestehlen. Es hat indessen nicht das allgemeine Recht, zu lügen, abzulisten, zu erzwingen, zu stehlen.

Wenn es kein einziges Mal als Kind Gelegenheit hatte, Rosinen aus dem Kuchen zu klauben und sie heimlich zu naschen, ist es nicht ehrlich; dann wird es auch nicht ehrlich sein, wenn sein Charakter gereift ist.
1; 205

3. Kapitel

WIR, DIE ERWACHSENEN, WISSEN VIEL ÜBER DAS KIND, ABER WIR KÖNNEN UNS IRREN

Korczak versteht unter Erziehung den „Einfluss der Eltern, [...] der Umgebung, der Leute, der Welt, der Literatur, des Lebens". Armes Kind, wenn es z. B. der Familie nicht gelingt, das „Steuer der Erziehung in die Hand zu nehmen" und dem Leben des Kindes eine Richtung zu geben – dann nämlich „ist die Seele des Kindes auf die Gnade des Schicksals angewiesen".

Er verteidigt die Kinder gegen den Typus von Erwachsenen, der den Kindern ihre Kindheit stiehlt und keine Antworten auf die Fragen des Lebens weiß oder, schlimmer noch, keine Fragen an das Leben zulässt. Erzieher in Kindergarten und Schule sollen Kindern nicht einfach totes Wissen vermitteln, sondern Dinge, die die Kinder für ihr Leben benötigen. Korczak stellt sich gegen pädagogische Kunstwelten, gegen eine „Inselpädagogik", die ohne Bezug zur Außenwelt bleibt.

Fast hat man den Eindruck, als würde Korczak an Eltern und Erzieher übermenschliche Ansprüche stellen, als könnten nur außergewöhnlich gute und begabte Menschen Kinder erziehen. Doch seine Ideen verlangen weder Kindern noch Erwachsenen zuviel ab. Wie er Kinder als Menschen den Erwach-

senen in ihrer Wertigkeit gleichstellt, so stellt er die Erwachsenen auch auf die Ebene der Kinder, indem er sie auffordert, das Kind in sich selber zu achten, zu lieben und sich mit ihm zu versöhnen. Er fordert eine partnerschaftliche Beziehung, die auf Alter, Stellung und Amt verzichtet. Er fragt nach der Erzieherpersönlichkeit, nicht nach dem perfekten Erziehungstechnokraten.

Korczak kennt die Phänomene, die man heute als „Burnout-Syndrom" bezeichnen würde, die Gefühle, die entstehen, wenn man immer nur zu geben glaubt und kaum neue Kraft schöpfen kann. Auch ein Erzieher hat das Recht, so zu sein, wie er ist: oft müde und traurig. Auch er braucht Liebe und Verstehen. „Alles für die Kinder – und was bleibt für mich?" Wer Kindern mit Liebe und Achtung begegnet, wird jedoch von ihnen reich beschenkt.

Es ist einer der bösartigsten Fehler anzunehmen, die Pädagogik sei die Wissenschaft vom Kind – und nicht zuerst die Wissenschaft vom Menschen.
1; 156

Ich habe verstanden. Es war nur eine kleine Episode, aber sie reicht fürs ganze Leben. Ich habe begriffen, dass der Mensch gut ist.

Der Mensch ist gut, aber oft versteht er nichts, oder es geht ihm schlecht, oder er muss so handeln, weil er nicht anders kann.

Wenn wir die kleinen Schwierigkeiten bewältigen und ernstlich bemüht sind, Gutes und Schönes ins Leben hineinzutragen – müssen wir bei den Kindern anfangen, denn das ist das Einfachste und auch das Wichtigste. Man muss vor allem das erste Drittel des Lebens ordnen.
7; 102

Wenn jemand über Kinder und Erziehung spricht, richtet er sich nicht nur an die Eltern und Erzieher, sondern an die ganze Gesellschaft, an alle, denen das Leben und die Zukunft der Jungen und Jüngsten nicht gleichgültig ist. Die laute Stimme der Pädagogen [...] sollte jedenfalls jedermanns Ohren erreichen, um so oft wie möglich daran zu erinnern, dass *in unseren Händen die Zukunft der Gesellschaft und das Glück der Kinder liegt,* um so oft es geht, an die Verantwortung zu appellieren, die auf uns lastet, für die moralischen Werte und das Glück derjenigen, die nach uns die Lebensarena betreten.

Der Glaube an die Macht der Erziehung ist keine Illusion eines Träumers, sondern das Resultat vieler hundertjähriger Studien und Untersuchungen. Diesen Glauben hat auch nicht einmal einen Augenblick lang die Vererbungstheorie untergraben. Heute ist bekannt, dass der menschliche Charakter sich aus zwei Elementen zusammensetzt: aus den ererbten und den neuerworbenen. Aber die angeborenen Neigungen sind nicht einheitlich: der Mensch wird weder als Verbrecher noch als Engel geboren; die Erziehung macht aus ihm ein schmutziges oder strahlendes Wesen. Unter Erziehung verstehen wir nicht nur den Einfluss der Eltern, sondern auch den der Umgebung, der Leute, der Welt, der Literatur, des Lebens. Die Familie kann dieser Erziehung nur die Richtung geben, und die Seele des Kindes wird entweder auf die Klippen geschleudert, auf Gedeih und Verderb, oder sie wird von den Wirbeln des Lebens in den Hafen der Liebe, der Aufopferung, des Glückes getragen.

Wenn die Familie nicht das Steuer der Erziehung in die Hand nehmen kann oder will, ist die Seele des Kindes auf die Gnade des Schicksals angewiesen. Was wird dann überwiegen: das Böse oder das Gute, das Positive oder das Negative?

Das Kind wurde als Mensch anerkannt, als Wesen, mit welchem man rechnen muss, welches man nicht an der Leine führen kann, es aber umsichtig, unter geistiger Anstrengung, mit Gefühl und gutem Willen führen soll. Der ehemalige Despotismus in der Erziehung ist veraltet, die einstige Angst der Kinder ist im Laufe der Zeit verschwunden – was sollte man an dessen Stelle setzen?

„Liebe, Achtung und Vertrauen“ – antwortet die Vernunft.

„Nichts“, antworten die Unkenntnis, der Leichtsinn und die Faulheit.

So stahl sich in die Familienverhältnisse Verwirrung und Lockerung ein. Die Eltern wurden zu Kameraden oder Dienern ihrer Kinder. Man hat kapituliert, die Führung aufgegeben, die Kinder in fremde Hände gegeben.

So beschaffen wir den Kindern eine Bonne, eine Kindergärtnerin. Lehrer und Lehrerinnen, Lehrer für Kunsterziehung, sie lernen Fremdsprachen, Geschichte, Algebra, Musik, Zeichnen, Singen, Tanzen, wir bilden sie aus, eigentlich bezahlen wir ihre geistige Bildung …

Und das Herz?

Lehren wir die Kinder, wie man und für wen man leben soll, geben wir der Jugend ein Lebensziel, helfen wir ihr in den entscheidenden Momenten, wenn sie ihre Weltanschauung gestaltet, wenn sie anfängt, sich umzuschauen und zu suchen, zu träumen und zu streben.

Wissen wir überhaupt, was für Ideale ihr vorschweben? Verbinden uns noch mit dem Jugendlichen und Kindern die vertraulichen Gespräche zu zweit, wenn sie uns ihren Kummer und ihre Sorgen anvertrauen, wenn sie uns um Lösung von tausend Rätseln, die ihnen das Leben und die eigene Beobachtung aufgebürdet hat, bitten und trösten wir sie, geben wir ihnen Erklärungen und muntern wir sie auf?

Nein. Die Seele des Kindes legen wir schon mit den Windeln in fremde Hände: den Geist übergeben wir der Schule, das Herz – der Welt, der Umgebung, den Büchern.

Was tun wir für den Körper des Kindes? Denken wir an gesunde Spaziergänge (nicht diese in Hüllen von Watte und Baumwolle), an Gymnastik, an Schwimmen, Rudern, an zeitiges Schlafengehen und frühes Aufstehen, ist uns die Hygiene in der Erziehung bekannt? Nein. *Den Körper des Kindes übergeben wir der Natur,* aber nicht dieser aus Wald und Feld, sondern der verkümmerten Natur einer stickigen Schulklasse, einem dunklen Kinderzimmer und dem Wohnzimmer voller Gäste.
7; 35ff.

Mein Kind ist mein Eigentum, mein Sklave, mein Schoßhündchen. Ich kraule es hinter den Ohren, streichle ihm den Nacken, führe es mit Schleifchen verziert spazieren, dressiere es, damit es aufgeweckt und manierlich ist; und wenn es mir lästig wird, dann heißt es:

„Geh spielen. Nimm dir die Schulbücher vor. Geh endlich schlafen!"

Angeblich wird so die Hysterie kuriert:

„Sie meinen, Sie seien ein Hahn. Bleiben Sie es nur, aber krähen Sie nicht!"

„Du bist jähzornig", sage ich zu einem Jungen. „Nun ja, dann schlag nur zu, aber nicht zu fest; brause nur auf, aber nur einmal am Tag."

Wenn ihr so wollt, habe ich in diesem einen Satz meine ganze Erziehungsmethode zusammengefasst.
1; 58

Je angelegentlicher du auf die Erhaltung deiner Autorität bedacht bist, desto mehr geht sie dir ab, und je vorsichtiger du dich beträgst, desto leichter entgleitet sie dir. Wenn du nicht bis zum Äußersten lächerlich bist und nicht vollkommen unfähig, wenn du dich nicht in törichter Weise durch Schmeichelei und falsche Nachsicht in die Gunst der Kinder einzuschleichen versuchst – werden sie dich auf ihre Weise achten.

Auf ihre Weise – wie? – ich weiß es nicht.

Sie werden lachen, weil du mager oder weil du dick bist, weil du eine Glatze hast und eine Warze auf der Stirn, weil deine Nase wackelt, wenn du dich ärgerst, und weil du den Kopf zwischen die Schultern ziehst, wenn du lachst. Und sie werden dich nachahmen, sie werden mager oder dick sein wollen und mit der Nase wackeln, wenn sie sich ärgern.

Lass es in einer freundschaftlichen Ausnahmesituation, in einem seltenen kameradschaftlichen Gespräch zu, dass sie sagen, was sie über dich denken.

„Sie sind so sonderbar. Manchmal habe ich Sie lieb, aber manchmal, da könnte ich Sie vor Wut totschlagen."

„Wenn Sie etwas sagen, dann meint man, das sei alles wahr. Aber wenn man nachdenkt, dann sieht man, dass Sie das alles nur so sagen, weil wir Kinder sind."

„Niemals weiß man, was Sie wirklich von uns denken."

„Auch auslachen kann man Sie nicht; denn Sie sind nur selten komisch."

1; 210f.

Dies ist eine Erzählung aus dem Ausland. Es gibt dort eine Familie, den Vater Mordechaj, die Mama Rewka, den älteren Bruder Ari, die kleine Tochter Esther, den kleinen Jungen Srulik. Es gibt auch den Großvater Abram; er ist gelähmt und sitzt im Sessel. Morgens gehen alle aus dem Haus, an die

Arbeit und in die Schule, die Mama Rewka ging auf den Markt, zu Hause blieb der kleine Srulik mit dem Großvater Abram im Sessel auf Rädern. Der Opa Abram ist 70 Jahre alt. Er sitzt bequem im Sessel, ist schön angezogen; sie haben ihm die frommen Bücher zur Hand gelegt, damit er sie lesen kann. Der kleine Srulik spielt im Zimmer mit dem Ball.

Der Opa Abram will nach dem Buch greifen, die Brille ist ihm hinuntergefallen, er will sie aufheben und kann es nicht. In den nächsten drei Stunden erwartet ihn die Untätigkeit. Eine große Traurigkeit überfällt ihn, und er fängt an zu weinen. Der kleine Srulik läuft im Zimmer herum, und plötzlich hört er das Aufschluchzen des Großvaters.

Er kommt zu ihm heran und sieht, dass er weint, ist erstaunt und fragt: Opa, warum weinst du?

Der Opa antwortet: Ach nichts, heb mir die Brille auf, die mir hinuntergefallen ist. Srulik gibt ihm die Brille, und der Großvater kann wieder lesen. Die Mama kommt vom Markt zurück, und der kleine Srulik erzählt ihr erstaunt, dass der Opa geweint habe. Warum? Wenn er es könnte, würde er hinzufügen – wegen welcher Kleinigkeit.

Seine Schwester Esther kommt aus der Schule, läuft in ihr Zimmer, legt sich aufs Sofa und weint. Die Mama Rewka kommt zu ihr und fragt, was passiert ist. Das Mädchen würgt schluchzend heraus: Sie sagten, ich sei die Königin der Gruppe, jetzt sagen sie, dass ich es nicht bin und zerreißen mir die Hefte. Die Mama tröstet sie: Dummerchen, lohnt es sich wegen einer solchen Dummheit zu weinen?

Der Sohn Ari ist 15 Jahre alt, kehrt mittags nach Hause zurück; sie bitten ihn zum Essen, er kommt nicht, steht auf der Straße und Tränen stehen in seinen Augen. Der Vater fragt: Warum weinst du? Was ist passiert? Aris Antwort wird vom Schluchzen erschüttert: Ein Mädchen hat mich beleidigt. Sie schaut mich nicht an, sie hört nicht auf meine Worte. Der Vater hört zu und tröstet den Sohn. Welche Dummheit, wegen eines Mädchens zu weinen, du findest eine andere!

Die Mama machte Besuche, kommt verzweifelt zurück: Man hat mir gesagt, dass mein Kleid ein Lappen sei, aber es ist doch mein bestes Kleid, ich habe nichts anzuziehen. Sie erzählt dies unter Tränen.

Mordechaj, ihr Mann, wundert sich: Du weinst wegen eines Kleides! Er kann seiner Frau nicht versprechen, ihr Geld für ein neues zu geben, denn sie sind nicht reich. Andere fahren mit eigenem Auto an ihren Arbeitsplatz. Mordechaj fährt mit dem Bus, welche Schande! Diese Scham füllt seine Augen mit Tränen.

Der Opa Abram wundert sich: Zu meiner Zeit gab es keine Privatautos. Es ist doch nicht schlecht, mit dem Bus zu fahren. Du weinst um ein Auto?

Der kleine Srulik weint, er hat Angst, dass der Teufel hinter der Tür stehen könnte, er ängstigt sich und weint. Die Mama öffnet die Tür und zeigt, dass da niemand steht. Srulik hört nicht auf zu weinen und bittet die Mutter, ihn auf den Arm zu nehmen.

Alle Tränen sind salzig, wer das begreift, kann Kinder erziehen, wer das nicht begreift, kann sie nicht erziehen.
6; 118f.

Warum sagt man: „Gesund wie ein Fisch", wo Fische doch auch krank werden? Ob der Hund wohl in den Brunnen macht? Warum ist es eigentlich hässlich zu fragen, wie viel ein Geschenk gekostet hat?

Wie soll man etwas verheimlichen, wie etwas erklären, ohne das Unverständnis noch zu vertiefen?

Oh, diese unsere Antworten …

Zufällig wurde ich zweimal Zeuge, wie man einem Kinde vor dem Schaufenster einer Buchhandlung einen Globus erklärte.

„Was ist das für ein Ball?", fragt das Kind.

„Na, eben so ein Ball", antwortet die Kinderfrau.

Ein anderes Mal:

„Mama, was ist das für eine Kugel?"

„Das ist keine Kugel, sondern die Erde. Da sind Häuser drauf, Pferde und auch die Mama.“

„Mamaaa“? das Kind blickt die Mutter mitleidig und besorgt an; es wiederholte seine Frage nicht.

1; 104f.

Ihr sagt:

„Der Umgang mit Kindern ermüdet uns.“

Ihr habt recht.

Ihr sagt:

„Denn wir müssen zu ihrer Begriffswelt hinuntersteigen. Hinuntersteigen, uns herabneigen, beugen, kleiner machen.“

Ihr irrt euch.

Nicht das ermüdet uns. Sondern – dass wir zu ihren Gefühlen emporklimmen müssen. Emporklimmen, uns ausstrecken, auf die Zehenspitzen stellen, hinlangen.

Um nicht zu verletzen.

4; 7

Die Kinder und ich – der gleiche Prozess des Denkens – alles das gleiche, nur lebe ich länger.

6; 19

Wir, die Erwachsenen, wissen viel über das Kind, aber wir können uns irren. Das Kind allein weiß, ob es sich wohl fühlt oder nicht.
7; 80

Schließlich, wenn das Leben Krallen erfordert, haben wir dann das Recht, die Kinder nur mit Schamröte und leisem Seufzen auszurüsten?

Deine Pflicht ist es, Menschen großzuziehen, nicht Schäfchen, und Arbeiter, keine Prediger, sondern physisch und moralisch gesunde Menschen. Und Gesundheit ist weder zart besaitet noch opferwillig. Ich möchte gern erreichen, dass mich die Heuchler wegen Unmoral anklagen.
1; 206

Es ist nicht die Schuld der Erwachsenen, dass sie nicht wissen und nicht können, ihre Schuld liegt darin, dass sie dies vor den Kindern verschweigen.
7; 51

Der geniale französische Insektenforscher Fabre[1] rühmte sich, er habe seine epochemachenden Beob-

---

[1] Jean Henri Fabre (1823–1915), bedeutender französischer Entomologe; Hauptwerk: „Erinnerungen“ (1879–89).

achtungen an Insekten gemacht, ohne ein einziges zu töten. Er erforschte ihren Flug, ihre Gewohnheiten, Sorgen und Freuden. Er sah ihnen aufmerksam zu, wie sie sich in den Strahlen der Sonne vergnügten, wie sie miteinander kämpften und dabei umkamen, Nahrung suchten, Unterkünfte bauten und Vorräte anlegten. Es war ihm nie zuviel, mit klugem Blick verfolgte er die mächtigen Naturgesetze in ihren kaum wahrnehmbaren Vibrationen. Er war Volksschullehrer. Er forschte mit bloßem Auge.

Erzieher, sei du ein Fabre der Kinderwelt!

1; 278

Wenn es Pflicht des Staates ist, die Gesellschaft gegen Gewalttaten und Anmaßung schädlicher Elemente zu schützen, so ist es Pflicht des Erziehers, Kinder vor Faustschlägen, Drohungen und Beleidigungen zu bewahren, ihr Eigentum gegen Aneignungsversuche zu sichern (ob das nun ein Steinchen oder ein Hölzchen ist), und ihre organisierte Gemeinschaft zu schützen (ihr Ballspiel oder das Burgenbauen im Sand).

1, 274

Wir lieben die Kinder. Trotz allem bedeuten sie Trost, Zuversicht und Hoffnung, Freude und Erholung, das helle Licht des Lebens. Wir schüchtern sie

nicht ein, wir bürden ihnen nichts auf und plagen sie nicht. Sie fühlen sich frei und glücklich.
3; 15

Mit den Jahren wird der Abstand zwischen den Forderungen der Erwachsenen und den Wünschen des Kindes immer größer; auch mit unlauteren Methoden der Unterdrückung wird man immer vertrauter. Klagen über die undankbare Arbeit werden laut: wen Gott strafen will, den macht er zum Erzieher.

Das regsame, lärmende, des Lebens und seiner Rätsel wissbegierige Kind ermüdet uns, Fragen und Sich-Wundern, Entdecken und Versuche mit oftmals unglücklichem Ausgang quälen uns.

Immer seltener erscheinen wir als Berater und Tröster, immer häufiger jedoch als die gestrengen Richter.
3; 17

Der Erzieher ist nicht verpflichtet, Verantwortung für die entfernte Zukunft auf sich zu nehmen – aber er ist voll verantwortlich für den heutigen Tag. Ich weiß, dass dieser Satz Missverständnisse wecken wird. Man denkt es gerade umgekehrt, meiner Überzeugung nach falsch, wenn es ehrlich

gemeint ist. Aber ehrlich? Vielleicht verlogen. Es ist leichter, die Verantwortung hinauszuschieben, sie in ein nebelhaftes Morgen zu übertragen, als schon heute über jede Stunde Rechenschaft abzulegen. Der Erzieher ist mittelbar auch für die Zukunft vor der Gesellschaft verantwortlich, aber unmittelbar trägt er Verantwortung in erster Linie vor seinem Zögling für die Gegenwart.
6; 15ff.

Aber wo bleiben in dem allem mein eigenes Leben, meine eigene Zukunft, mein eigenes Glück und mein eigenes Herz?

Ich verschenke meine Einfälle, Ratschläge, Warnungen und Gefühle, ohne damit zu geizen. Wenn alle Augenblicke ein anderes Kind dahergelaufen kommt und etwas haben will, um etwas bittet oder eine Frage stellt und deine Zeit, dein Denken und Fühlen damit ganz und gar ausfüllt, dann empfindest du schmerzlich, dass du, der du die wärmende Sonne dieser Kinderschar bist, selbst erstarrst, dass du, der du für sie ein Licht bist, selbst Strahl um Strahl deiner Leuchtkraft verlierst.

Alles für die Kinder – und was bleibt für mich? Sie wachsen an Wissen, Erfahrung und moralischer Einsicht; sie sammeln Vorräte – ich verschwende sie. Wie soll man nur auf weite Sicht mit den vorhandenen eigenen geistigen Kräften haushalten, um nicht eines Tages mit leeren Händen dazustehen?

Nehmen wir an, dass ein Erzieher keine eigenen Kinder hat, die ihr Recht fordern, keine Familie, die ihn fesselt, keine materiellen Sorgen, die ihn beunruhigen, keine körperlichen Beschwerden, die an ihm zehren. Ganz der einen heiligen Sache der Erziehung hingegeben, muss er Reichtümer an Gefühl besitzen.

Wie soll er es davor bewahren, dass es zerbricht?

Und wenn er in das Haus zurückkehrt, das sein Haus sein soll, und es geht über seine Kräfte, alle herzlich zu begrüßen, hat er dann nicht das Recht, wenigstens einem zuzulächeln? Wenn er abends den Schlafsaal verlässt, ohne allen zärtlich „Gute Nacht“ sagen zu können, darf er dann nicht manchmal dieses eine Kind oder auch zwei mit einem besonderen: „Schlaf ein, mein Sohn, schlaf gut, kleiner Lausbub“ auszeichnen? Wenn er wegen kleiner Vergehen schimpft und bittere Vorwürfe macht, sollte er dann nicht auch mit einem Blick einem Kinde spürbar verzeihen dürfen?

Selbst wenn er sich irrt und seine Wahl nicht gerade auf ein Kind fällt, das es am meisten verdiente – was macht das schon aus? Die freundliche Regung, die es auslöst, deckt viele ungute Erfahrungen zu; das Lächeln, das es von dem geliebten Menschen empfängt, kommt vielen anderen zugute. Vielleicht gibt es Erzieher, denen die Kinder eines wie das andere gleichgültig oder verhasst sind; aber keinem sind alle in gleicher Weise lieb.

1; 175f.

Der Arzt hat das Kind dem Tod entrissen; Aufgabe des Erziehers ist es, das Kind leben zu lassen und ihm zu dem Recht zu verhelfen, Kind zu sein.
3; 35

Du, der du mit Kindern zu tun hast, du solltest dich lieber freuen! Du bist schon dabei, deine Vorurteile, deine sentimentalen Ansichten über Kinder aufzugeben. Du weißt bereits, dass du nichts weißt. Kinder sind nicht so, wie du gemeint hast, sie sind ganz anders. Ohne noch recht zu wissen, wohin es führen soll, suchst du bereits nach einem Weg. Du gehst in die Irre? Vergiss nicht, es ist keine Schande, in dem unermesslich tiefen Wald des Lebens den Weg zu verfehlen. Selbst wenn du dich verirrst – schau dich gut um, und du wirst ein Mosaik aus lauter schönen Einzelbildern erblicken. Du leidest? Unter Schmerzen kommt die Wahrheit zur Welt.

Habe Mut zu dir selbst, und such deinen eigenen Weg. Erkenne dich selbst, bevor du Kinder zu erkennen trachtest.

Leg dir Rechenschaft darüber ab, wo deine Fähigkeiten liegen, bevor du damit beginnst, Kindern den Bereich ihrer Rechte und Pflichten abzustecken. Unter ihnen allen bist du selbst ein Kind, das du zunächst einmal erkennen, erziehen und ausbilden musst.
1; 156

Wenn ich im Kinde den unsterblichen Funken des den Göttern entwendeten Feuers wahrnehme, den Glanz frei sich entfaltender Gedanken, die Würde seines Zorns, den Schwung seines Eifers, herbstliche Trauer, opferbereite Anmut, ängstliche Hoheit, und ferner mutiges, fröhliches, vertrauendes, zupackendes Suchen nach Ursachen und Wirkungen, sowie unendlich mühevolle Versuche, beunruhigende Gewissensregungen – dann knie ich demütig nieder, denn ich bin geringer, schwach und ein Feigling.

Was bin ich euch, wenn nicht Ballast für euren freien Flug, Spinnweb auf euren bunten Flügeln, die Schere, die der blutigen Pflicht genügt, eure keimenden Triebe zu beschneiden.

Ich bin ein Hindernis auf eurem Weg, der ratlos hin und wieder Schwankende, der Krittler, der euch zusetzt, der Unaufrichtige, Verschweigende, farblos und lächerlich, wenn ich euch überzeugen möchte.

1; 181

Vor allem muss man das Kind beobachten, verstehen und lieben lernen, dann erst wird man es lesen lehren; man soll die Jugendlichen zu Taten anhalten, sie sollen nicht nur wissen und können. Man soll sie zu Menschen erziehen und nicht zu Gelehrten.

7; 64

Über die Überlastung der Schüler wurden in Europa ganze Bibliotheken angefüllt; und dabei kann dieses so verzwickte Problem so einfach und schnell gelöst werden, wenn man bei dem Grundsatz bleibt, dass Aufgabe der Mittelschule nicht das Wissen, sondern die *kindliche Entwicklung* ist, kein Anfüllen der Köpfe mit unnötigem Ballast, sondern Vorbereitung auf das Leben, in das sie als *reife Menschen* eintreten. Ist es nicht sonderbar, dass die Schule das Reifezeugnis grundsätzlich dafür verleiht, dass der Schüler die Logarithmen kennt und die Mondfinsternis erklären kann. Wobei bekannt ist, dass derjenige reif für das Leben ist, der weiß, wofür er lebt, sein Verhältnis zu den Menschen und zu der Geschichte der Menschheit kennt – und sich daran hält.

Die Schule sollte eine Schmiede sein, wo die heiligsten Losungen ausgestemmt werden, alles, was Leben bedeutet, sollte von dort kommen – sie sollte am lautesten nach den Menschenrechten rufen, mit dem größten Mut und ohne Skrupel das anprangern, was im Leben sumpfig ist. Und dies kann nur eine nicht reparierte, zusammengeflickte und erneuerte Schule leisten, sondern nur eine von Grund auf andere – nicht eine vom Mond – nicht eine solche, wie wir sie heute überall finden.

7; 70f.

Ein charakteristisches Merkmal ist, dass überall mehr Geld für Armeen als für Schulen ausgegeben wird, für Schrott – statt für zukünftige Bürger, zukünftige Menschen.

7; 68f.

4. Kapitel

KINDER BESTIMMEN SELBST

„Kinder und Fische haben keine Stimme.“ Es wird über Kinder geredet und entschieden, aber nicht mit ihnen. Dem setzt Korczak die Idee einer „demokratischen Kinderrepublik“ entgegen. Er gründet „demokratische Institutionen“, in denen jeder zu Wort und zu seinem Recht kommt und die über die Angelegenheiten der Gemeinschaft entscheiden. Achtung, Vertrauen, Verstehen und Verzeihen werden geübt und geschützt. Kinder sollen sich bei der Lösung ihrer Lebensprobleme beraten, korrigieren und weiterhelfen können. Regeln der Gemeinschaft dienen der Sicherung und Einübung der von ihm so energisch eingeforderten Kinderrechte.

Auch bei Kindern gibt es Stärkere und Schwächere. Mit moralischen Appellen kann man solche Ungleichheiten nicht überwinden. Spielregeln müssen gefunden werden. Korczak vertritt ein modernes Konzept zum Ausgleich von persönlichen Interessen und Ansprüchen der Gemeinschaft: Er setzt auf die kindliche Persönlichkeit, die auch in der Gemeinschaft Verantwortung übernehmen kann und will. Er traut den Kindern zu, dass sie ein Grundethos der gegenseitigen Achtung und des Vertrauens entwickeln können, das jede Gemeinschaft benötigt. Regeln und Gesetze sollen Kindern nicht übergestülpt, sondern von den Kindern selbst als Ergebnis vernünftiger Überlegungen eingeführt werden. Institutionen sollen über die Einhaltung der Regeln wachen und die Intimsphäre und Persönlichkeit der Kinder schützen, andererseits jedoch auch Transparenz im Hinblick auf die Handlungen in der Gemeinschaft schaffen.

Als Organe der Selbstregierung und der Selbstverwaltung erprobt Korczak in den von ihm geleiteten Waisenhäusern ein Parlament, ein Kameradschaftsgericht, Wandtafeln, Zeitungen usw. Das Kinderparlament beschließt alle Regeln des Zusammenlebens. Es ist eine Stätte der Gleichberechtigung.

Zu den Regeln des Zusammenlebens gehören jedoch auch die Pflicht zur Übernahme von Arbeiten, so genannter Tagesdienste, die Betreuung jüngerer Kinder und die Sicherung der Intimsphäre und des Privateigentums jedes einzelnen.

Wir haben so gesagt:

– Sollen die Kinder sich selbst verwalten. Wenn sie das gut besorgen, dann werden sie sich wohl fühlen; wenn sie sich schlecht selbstverwalten, wird es ihnen schlecht ergehen. So werden sie lernen, gut zu führen; sie werden vorsichtig sein, denn sie streben danach, dass es ihnen gut geht.

Wir haben erklärt:

– Wir werden ein Parlament wählen. Die Kinder werden selbst die Abgeordneten wählen. Die Kinder werden selbst gewählt. Wer vier Stimmen hat, wird Abgeordneter des Parlaments. Dann wird jede Angelegenheit dem Parlament zur Entscheidung vorgetragen, und die Abgeordneten werden nach einer Besprechung entscheiden, was zu tun sei, damit es besser werde.

Wir dachten:

– Wir, die Erwachsenen, wissen viel über das Kind, aber wir können uns irren. Das Kind allein weiß, ob es sich wohl fühlt oder nicht.

Soll das Parlament entscheiden, was man tun soll, damit sich jeder ruhig ausschlafen kann, damit jeder in Ruhe beten kann, ruhig essen, lernen und spielen. Soll das Parlament selbst entscheiden, was man tun soll, damit einer den anderen nicht piesackt, ihn nicht stört, ihn nicht schlägt und nicht betrügt. Soll das Parlament selbst entscheiden, was man tun soll, damit es bei uns keine Tränen und Klagen gibt, damit es fröhlich bei uns zugeht. […]

Die Kinder selbst geben Gesetze heraus, sie selbst werden sie durch ein eigenes Gericht hüten.

Jeder kann Richter sein.

7; 79ff.

Vielleicht bin ich zu streng – aber ich finde, dass gerade das gemein, niederträchtig und schuftig ist:

Wehrlose zu quälen.

Schwache zu schikanieren.

Sich ohne Rücksicht auf die Tränen anderer lustig zu machen.

Diese Boshaftigkeit ist für den einzelnen Menschen wie auch für die gesamte Menschheit so ärgerniserregend, so empörend, so ekelhaft – zumal sie keinem Menschen nützt.

3; 153

Felek eröffnete die Sitzung.

Er ließ eine Glocke ertönen und sprach:

„Die Sitzung ist eröffnet. Die Tagesordnung: Jedes Kind soll eine Uhr haben – Punkt eins. Man soll die Kinder nicht mehr abküssen – Punkt zwei. Die Kinder sollen mehr Taschen haben – Punkt drei. Es soll keine Mädchen mehr geben – Punkt vier.“

In der Angelegenheit der Uhren hatten sich fünfzehn Redner zu Wort gemeldet. Ein Abgeordneter sagte, die Kinder brauchten die Uhren, weil sie rechtzeitig in der Schule sein müssten und sich nicht verspäten dürften. Die Erwachsenen würden leichter ohne Uhr auskommen, denn sie könnten besser im Kopf rechnen.

„Wenn Vaters oder Mutters Uhr nachgeht, warum muss ich darunter leiden", meinte ein zweiter Redner. „Wenn ich eine eigene Uhr habe, werde ich schon achtgeben, dass sie richtig geht."

„Eine Uhr brauchen wir nicht nur für die Schule", sagte ein dritter Abgeordneter. „Wenn wir uns zum Mittagessen oder abends verspäten, schimpft man uns aus. Aber wie sollten wir schuld sein, wir wissen doch nicht, wie spät es ist, denn wir haben keine Uhren."

„Auch für unsere Spiele brauchen wir eine Uhr", sagte ein vierter Abgeordneter. „Wenn wir um die Wette laufen oder probieren, wer länger auf einem Bein stehen kann, dann lässt sich das mit einer Uhr viel leichter feststellen."

„Und wenn wir uns für eine Stunde ein Boot ausleihen, betrügt man uns. Man sagt, eine Stunde ist um, aber das ist eine Lüge. Und zahlen müssen wir für eine ganze Stunde."

Felek klingelte erneut.

„Wir kommen zur Abstimmung. Mir scheint, der Beschluss, alle Kinder sollten eine Uhr haben, ist einstimmig angenommen."

Jedoch fanden sich neun Abgeordnete, die keine Uhren wollten. Sogleich eilte der Journalist zu ihnen und erkundigte sich nach dem Grund. Wir werden anfangen, die Uhren auseinanderzunehmen, und sie werden entzweigehen. Es wäre schade um das Geld, auch könnte man sie verlieren. Geht man auf den Händen, so fällt die Uhr heraus und geht kaputt. Nicht einmal alle Erwachsenen besitzen Uhren, also werden sie uns beneiden. Uhren sind für uns gar nicht nötig. Vater würde mir die Uhr wegnehmen, verkaufen und das Geld vertrinken."

Und wieder klingelte Felek.

„Der Beschluss wurde mit großer Mehrheit bei neun Gegenstimmen angenommen."

Einstimmig beschloss man, nicht jeder sollte das Recht haben, die Kinder zu küssen. Auch das Streicheln wurde abgelehnt, und man wollte niemandem mehr auf den Knien sitzen, um gehätschelt und getätschelt zu werden. Den Eltern könne man diese Rechte wohl einräumen, nicht aber den Tanten. Es wurde eine Kommission gewählt, die das Gesetz in allen Einzelheiten erarbeiten sollte. Und danach würde man noch einmal abstimmen.

Zum Punkt drei der Tagesordnung wurde beschlossen, dass die Mädchen zwei und die Jungen sechs Taschen haben sollten. Klu-Klu war empört. Warum sollten den Mädchen vier Taschen weniger zustehen als den Jungen? Aber sie sagte noch nichts und wartete, was weiter geschehen würde.

Felek klingelte. Man wollte über die Mädchen sprechen.

Und es begann:

„Mädchen sind Heulliesen. Mädchen schwatzen, petzen, geben an. Sie sind schwächlich, ungeschickt und eingebildet. Sie sind schnell beleidigt und haben immer Geheimnisse. Sie kratzen."

Die armen Mädchen aber sitzen nur da und haben Tränen in den Augen.

Da ruft Klu-Klu von der Königsloge aus:

„Ich bitte ums Wort!"

Es wird still.

„In Afrika sind die Mädchen genauso geschickt wie die Jungen, sie laufen ebenso schnell, klettern auf die Bäume und schlagen Purzelbäume. Ich verstehe nicht, wie das bei euch ist. Fortwährend streiten die Jungen mit den Mädchen, stören sie beim Spiel, wollen aber selbst nicht mit ihnen spielen. Ich schaue mir das an und sehe, dass zwar nicht alle Jungen Schlingel sind, dass es aber davon unter ihnen mehr gibt als unter den Mädchen."

„Oho, ho", ließen sich einzelne Stimmen vernehmen.

Felek klingelte; man sollte nicht stören.

„Jungen sind grob, immer schlagen sie sich, ihre Hände und Ohren sind schmutzig. Jungen zerreißen ihre Kleidung, sie lügen und betrügen."

„Oho, ho." Wieder wurden Stimmen laut.

Wieder klingelte Felek; man sollte sie nicht unterbrechen.

„Jungen reißen Seiten aus ihren Heften und machen Bücher kaputt. Sie wollen nicht lernen. Sie lärmen und zerschlagen Scheiben. Sie halten sich zugute, dass die Mädchen in Europa schwächer sind, denn sie tragen Kleider und haben lange Haare ..."

„Sollen sie sich doch die Haare abschneiden."

„Und Hosen anziehen."

Felek läutete.

8; 194ff.

Ich selbst habe mich im Verlaufe eines halben Jahres fünfmal dem Gericht gestellt.

Einmal, weil ich einem Jungen eins hinter die Ohren gegeben hatte, einmal, weil ich einen Jungen aus dem Schlafsaal hinausgeworfen hatte, einmal, weil ich einen in die Ecke gestellt hatte, einmal wegen Beleidigung eines Richters und einmal, weil ich ein Mädchen des Diebstahls beschuldigt hatte. In den ersten drei Fällen erhielt ich § 23, im vierten § 71, im letzten § 7. Jedesmal legte ich eine umfangreiche schriftliche Aussage vor.

Ich behaupte mit aller Entschiedenheit, dass diese wenigen Fälle Grundstein meiner eigenen Erziehung zu einem neuen „konstitutionellen" Pädagogen waren, der den Kindern kein Unrecht tut, nicht weil er sie gern hat oder liebt, sondern weil eine Institution vorhanden ist, die sie gegen Rechtlosigkeit, Willkür und Despotismus des Erziehers schützt.

1; 352f.

Das Gericht ist keine erfreuliche Einrichtung – das stimmt. Aber es ist auch nicht zum Vergnügen entstanden. Seine Aufgabe ist es, Recht und Ordnung zu wahren und dafür zu sorgen, dass der Erzieher nicht gezwungen wird, wie ein Hirt oder Pferdeknecht mit Knüppel und Geschrei Gehorsam zu erzwingen, sondern ruhig und verständig, gemeinsam mit den Kindern, erwägen, beraten und beurteilen kann, mit den Kindern, die oft besser wissen, wer recht hat, oder auch inwieweit einer nicht recht hat. Aufgabe des Gerichtes ist es, wilde Szenen durch Gedankenarbeit zu ersetzen, Zornesausbrüche in pädagogische Einwirkungen zu verwandeln.
1; 339

Wenn ich dem Gerichtswesen unverhältnismäßig viel Platz einräume, dann in der Überzeugung, dass es zum Ausgangspunkt für die Gleichberechtigung des Kindes werden kann, zu einer verfassungsmäßigen Regelung führt und zur Verkündung einer Deklaration der Rechte des Kindes zwingt. Das Kind hat ein Recht darauf, dass seine Angelegenheit ernsthaft behandelt und gebührend bedacht wird. Bis jetzt hing alles vom guten Willen und von der guten oder schlechten Laune des Erziehers ab. Das Kind war nicht berechtigt, Einspruch zu erheben. Dieser Despotismus muss ein Ende haben.
7; 82

Aber auch über das Kind beraten und entscheiden sie; wer wird schon so naiv sein, Kinder nach ihrer Meinung zu fragen oder gar ihre Zustimmung einzuholen; was kann ein Kind denn schon zu sagen haben! [...]

Aber das ratlose Kind beschäftigt sich derweil mit seinen Schulbüchern, seinen Bällen und Puppen; es spürt, dass über seinen Kopf hinweg wichtige und einschneidende Entscheidungen über sein Wohl und Wehe gefällt werden, die es bestrafen und belohnen, oder gar zerbrechen – und es hat keinen Einfluss darauf.

3; 9f.

Das Kind ist kein Soldat, es verteidigt das Vaterland nicht, aber es leidet mit ihm.

Um eine politische Meinung braucht man sich bei ihm nicht zu bemühen; es ist ja kein Wähler: es droht nicht, es fordert nicht, es sagt nichts.

3; 13

Am nächsten Tage, bei einer Unterhaltung im Walde sprach ich zum erstenmal nicht zu den Kindern, sondern *mit* ihnen, und ich sprach nicht davon, wie sie nach meinem Wunsche sein sollten, sondern darüber, was sie selbst sein wollten und könnten.

Vielleicht überzeugte ich mich damals zum erstenmal davon, dass man von Kindern viel lernen kann, dass auch sie ihre Forderungen und Bedingungen stellen, und dass sie das Recht haben, auch Vorbehalte anzumelden.
1; 247

Ein Kind denkt nicht weniger, nicht ärmlicher, nicht schlimmer als die Erwachsenen, es denkt nur anders. In unserem Denken sind die Bilder verblichen und zerrissen, die Gefühle dumpf und verstaubt. Ein Kind denkt mit dem Gefühl, nicht mit dem Verstand. Darum ist es so schwierig, sich mit ihm zu verständigen, deshalb gibt es keine schwerere Kunst, als zu Kindern zu sprechen. Lange meinte ich, Kinder müsse man leicht verständlich, unterhaltsam, bildhaft und überzeugend anreden. Heute glaube ich, dass wir kurz und von Herzen sprechen sollten, ohne lange nach passenden Ausdrücken und Redewendungen zu suchen – ganz einfach aufrichtig. [...]

Kinder zusammenzurufen, sich vor ihnen zu beschweren und sie zurechtzuweisen – und dann ihre Zustimmung zu erzwingen – das ist keine Versammlung.

Kinder zu versammeln, ihnen eine rührende Ansprache zu halten, einige auszuwählen, damit sie Pflichten und Verantwortung übernähmen – das ist keine Versammlung.

Kinder zusammenzurufen und ihnen zu sagen, dass ich mir keinen Rat weiß, sie sollten sich etwas ausdenken, damit es besser werde – das ist keine Versammlung.

Lärm, Tumult – eine Abstimmung nur der Form halber – das ist das Zerrbild einer Versammlung.

Häufige Ansprachen und zahlreiche Versammlungen entwerten die Methode, eine gemeinsame Beeinflussung zu erreichen mit dem Ziel, eine Sache in Angriff zu nehmen oder einen schwierigen Punkt zu klären.

Eine Versammlung soll sachlich sein, die Bemerkungen der Kinder müssen aufmerksam und redlich angehört werden – keine falschen Töne und kein Druck – die Entscheidung muss bis zu dem Augenblick offen bleiben, in dem der Erzieher den Plan seines Vorgehens ausarbeitet. Wenn ein Erzieher etwas nicht weiß, nicht kann oder nicht zu tun vermag, haben auch die Kinder das Recht, etwas nicht zu wissen und nicht zu können.

Und keine Versprechungen, die man nicht einhalten kann! Törichte und gedankenlose Kinder versprechen leicht etwas, verständige und ehrliche ärgern sich darüber und machen spöttische Bemerkungen.

Die Fähigkeit, sich mit Kindern zu verständigen, will erarbeitet sein. Das kommt nicht von selbst! Ein Kind muss wissen, dass es erlaubt ist und dass es sich lohnt, aufrichtig seine Meinung zu sagen, dass es weder Ärger noch Unwillen erregt und dass es verstanden wird. Aber das ist noch nicht genug:

es muss sicher sein, von seinen Kameraden weder ausgelacht noch verdächtigt zu werden, sich einschmeicheln zu wollen. Eine Versammlung erfordert eine saubere und würdige moralische Atmosphäre. Es gibt kein zweckloseres Theaterspiel, als Wahlen und Abstimmungen zu veranstalten, die zu einem für den Erzieher günstigen Ergebnis zu führen haben.

Außerdem müssen Kinder es lernen, Versammlungen abzuhalten. Es ist nicht leicht, etwas ordnungsgemäß in der ganzen Gemeinschaft zu beraten.

Noch eine Bedingung: es ist nicht richtig, die Teilnahme an Beratungen und Abstimmungen zu erzwingen. Es gibt Kinder, die sich an solchen Erörterungen nicht beteiligen wollen – soll man sie dazu zwingen?

1; 301f.

Ich hatte begriffen, dass Kinder eine Macht sind, die man zur Mitwirkung ermuntern und durch Geringschätzung verletzen kann, mit der man aber auf jeden Fall rechnen muss.

1; 247

5. Kapitel

EIN KIND ZU LIEBEN HEISST, DIE WELT MIT SEINEN AUGEN ZU SEHEN

Kinder leben mit Eltern, Geschwistern oder Großeltern zusammen, sie wohnen in der Stadt oder auf dem Land, in wohlhabenden oder ärmlichen Verhältnissen, sie besuchen den Kindergarten oder die Schule. Eltern und Großeltern, Erzieherinnen, Lehrer und Außenstehende erziehen die Kinder. Kinder sollen die Möglichkeit haben, an der Gestaltung ihrer Welt beteiligt zu sein. Kinder sollen ihre Welt heute und hier verändern, sie sollen zuversichtlich und handlungsfähig sein. Es geht um sie selbst. Sie sollen aufrecht durch das Leben gehen. Kinder kommen ungekrümmt zur Welt. Sie sollen sich nicht schon früh krümmen müssen, um zu „Häkchen" zu werden, nur weil die erwachsenen, gekrümmten „Haken" sich nur „Häkchen" in ihrer Nachfolge vorstellen können.

Eltern und Erzieher sollten Kinder als Spezialisten für ihre eigenen Angelegenheiten betrachten und alles daran setzen, ihnen die Welt verstehbar zu machen. Wir dürfen ihr Leben nicht ständig an unserem erwachsenen Leben messen und deuten. Diese Nichtachtung tadelt Korczak unermüdlich und warnt gleichzeitig vor ihren Folgen.

Ein Kind zu lieben heißt, die Welt mit seinen Augen zu sehen, es genau zu beobachten: Was entdeckt es bei seiner Krabbeltour durch die Wohnung? Freut es sich, wenn die Familie in eine andere Wohnung umzieht, oder ist es traurig? Wie viel bekommen Kinder von den Sorgen ihrer Eltern mit, was bedeuten ihnen Geschwister?

Korczak beobachtet Kinder, hört und sieht ihnen zu und notiert seine Erfahrungen aus der alltäglichen Begegnung mit ihnen. Eltern und Erziehern bieten seine Aufzeichnungen auch heute noch eine Vielzahl von Anregungen dafür, wie man Kinder liebevoll, aufmerksam und verständnisbereit durch ihren Alltag begleiten kann.

Merke: Entweder das Leben der Erwachsenen – am Rande der Kinderwelt. Oder das Leben der Kinder – am Rande der Erwachsenenwelt. Wann wird jener glückliche Augenblick kommen, da das Leben der Erwachsenen und das der Kinder gleichwertig nebeneinander stehen werden?

3; 205

Manchmal wünscht sich der Mensch, es anders zu haben, als es ist. Als ob er neidisch sei, weil ein anderer es besser hat. Aber nur ganz selten will jemand wirklich selbst ein anderer sein, eine andere Mutter haben und woanders wohnen. Fast niemand möchte, dass alles ganz anders sei. Nur ein wenig verändern oder verbessern möchte er's. Zudem sind die Menschen sehr verschieden: Der eine gewöhnt sich leichter an etwas, ein anderer nicht so leicht.

In einer kleinen Wohnung können Eintracht, Herzlichkeit und Fröhlichkeit daheim sein, in einer großen Strenge, Abneigung und Langeweile herrschen. Einsam kann ein Kind hier wie dort sein.

2; 113f.

Die Erwachsenen behaupten, Kinder zögen gerne um. Früher habe ich das auch geglaubt. Aber es stimmt nicht.

Ein Umzug kann schon lustig sein. Jedermann freut sich, wenn er im Sommer aufs Land zieht. Denn das bedeutet Ferien und Sommer, und es ist nicht für immer.

Es ist angenehm, in ein schöneres Haus umziehen, in ein Haus mit einem Balkon und vielen Fenstern, dem auch der Garten näher liegt. Die Eltern sind zufrieden, und alle Welt sagt, dass man es dort bequemer haben werde. Aber selbst dann ist es einem leid um das Haus, das man kennt, um die Menschen, denen man so oft begegnet ist. Und dann sieht alles irgendwie so leer aus, wenn die Sachen hinausgeschafft worden sind.

Ein Umzug ist immer traurig, wenn ein Todesfall oder die Verarmung der Eltern der Grund dafür sind.

Oft weckt ein Umzug auch Unruhe: wie wird das sein in einer fremden Stadt, wie wird es einem ergehen im fernen Land? Ob ich das Altvertraute jemals wiedersehe?

Nicht immer kann ein junger Mensch so rasch vergessen und sich so rasch umgewöhnen. Manchmal sind die Erwachsenen von all dem Neuen am neuen Wohnort derart in Anspruch genommen, dass sie gar keine Zeit finden, daran zu denken, wie es vordem war.

Aber das Kind – hat Heimweh.

3; 109f.

Der erste Ausdruck des kleinen Kindes lautet: „Mama." Ich kann mich nicht mehr erinnern, ob mir das jemand erzählt hat oder ob ich es in einem Buch gelesen habe, dass der älteste Ausdruck, den der Mensch in seiner frühesten Zeit gefunden habe – eben auch „Mama" gewesen sei und deswegen dieser erste menschliche Laut in allen Sprachen ähnlich klinge.

Im Griechischen – meter, im Lateinischen – mater, im Französischen – mère und im Deutschen – Mutter.

Moja Mama – ma mère – meine Mutter – mea mater – eme meter.

Schon das ganz kleine Kind kennt seine Mutter. Es kann noch nicht sprechen und nicht laufen, aber es streckt seine Hände nach der Mutter aus. Es erkennt sie sogar im Garten, wenn sie sich ihm nähert – und lacht ihr von weitem zu. Selbst bei Nacht erkennt es die Mutter an der Stimme, an ihrem Atem. Selbst blind geborene Kinder oder solche, die ihr Augenlicht später verloren haben, sagen: – Mama – Mamuschka – Mütterchen – wenn sie mit der Hand ihr Gesicht berühren.

Einmal erzählte ein kleiner Bub:

„Früher habe ich mir auch Gedanken gemacht, aber jetzt mache ich mir viel schwerere. Als ich noch klein war, habe ich einfache Gedanken gehabt."

Wie schauen sie aus, die einfachen Gedanken über die Mutter?

Dass die Mama gut, lustig oder verdrießlich, dass sie traurig, gesund oder krank ist. Dass die Mama etwas erlaubt, etwas schenkt oder verbietet, dass sie etwas möchte oder auch nicht möchte.

Erst später begegnet man dann auch anderen Müttern, nicht nur der eigenen.

Es gibt also junge, lustige und lächelnde Mütter, aber auch bekümmerte, müde und abgearbeitete, und es gibt sehr gebildete und solche, die es nicht so sind, reiche und arme, Mütter, die einen Hut, oder Mütter, die nur ein Kopftuch tragen.

Es ist schlimm, wenn die Mama gegangen ist und lange fortbleibt. Manche Mütter gehen jeden Tag zur Arbeit oder verreisen für lange Zeit. Es ist schwer, sich darauf zu besinnen, dass es sogar Waisen gibt.

Und noch ein bisschen später wird man erfahren oder in der Zeitung lesen, dass eine Mutter ihr Kind auf der Straße ausgesetzt hat. Das Kind hat keinerlei Erinnerung, es hat kein Bild von der Mutter und auch kein anderes Andenken an sie. Die eigene Mutter, die ihrem Kinde doch ganz nah sein sollte, viel näher noch als der Vater.

– Papa – Väterchen.

Und wiederum:

Einfache Gedanken, dass der Vater arbeitet, verdient und der Mutter Geld gibt. Aber das ist nicht immer so: Der Vater ist krank oder arbeitslos. Manchmal arbeitet der Vater daheim, manchmal irgendwo in der Stadt, oder er muss oft in eine andere Stadt fahren, oder er ist überhaupt weit fort und schreibt nur Briefe.

Einfach sind die Gedanken dann, wenn die Eltern gesund sind, wenn daheim kein Mangel am Notwendigsten herrscht, wenn alle Lebewesen einträchtig beieinander leben und wenn es keine Sorgen gibt. [...]

Ein jeder möchte, dass daheim alle ruhig und zufrieden sind und dass es keine Sorgen gibt. Aber man muss sich damit abfinden, dass nicht alles und dass es nicht immer schön sein kann. Der eine Tag ist heiter, der andere trüb, dieses gelingt und jenes nicht. Einmal gibt's Sonnenschein, ein andermal Regen.

„Wahrlich, so ist eben das Leben", hatte der Bub gesagt.

Ob es besser ist, einziges Kind zu sein oder Geschwister zu haben? Ob es besser ist, der Jüngere zu sein oder der Ältere?

Er war einziges Kind, aber dann kam ein kleiner Bruder zur Welt. Ob er sich darüber freut?

Man kann gar nicht aufzählen, wie viele Möglichkeiten es da gibt. Ein Bruder kann kleiner, einer größer und einer fast erwachsen sein. Einer kann älter, der zweite jünger sein. Zwei ältere Schwestern, zwei kleine. Ein kleiner Bruder, eine große Schwester. Ein großer Bruder, eine kleine Schwester.

Was ist besser?

Ich kann es nicht beantworten, ich weiß es nicht, niemand weiß es.

„Was möchtest du lieber?"

„Mir ist es lieber so, wie es ist“, sagte ein Mädchen.

Es gibt Menschen, die leicht zu erfreuen, glücklich und zufrieden sind. Ihnen gefällt alles. Sie denken gar nicht darüber nach, ob es anders sein sollte. Andere wiederum ärgern sich leicht und oft.

Wenn es möglich ist, etwas zu ändern, dann lohnt es sich, darüber nachzudenken; wenn etwas so bleiben muss, wie es ist, dann hat Schmollen keinen Wert. Aber in Eintracht kann man immer leben, mit Kleinen und mit Großen, mit dem Bruder und mit der Schwester – das kommt nun wirklich auf uns selbst an.

2; 101ff.

Wenn die Großmutter und der Großvater im selben Hause wohnen, dann kann das für die Kinder besser sein. Denn wenn Mama böse mit einem ist, kann Großmutter einen trösten; Mama schlägt einem etwas ab, vielleicht kann Großmutter einem dazu verhelfen. Sie hat mehr Zeit, also hört sie aufmerksamer zu. Die Erzählungen ganz alter Menschen sind oft interessant. Und überhaupt, wie seltsam ist das alles: die Großmutter kann sich noch erinnern, wie Mama ein kleines Mädchen oder Papa ein kleiner Bub war. Und noch früher, da war auch Großmutter noch ein Kind. Sie erinnert sich an alte Zeiten. Damals waren die Straßen anders und die Häuser, anders die Lampen und die Uhren, ja sogar die Menschen waren anders. Damals gab es noch keine Erfindungen wie heute und auch nicht solche Bücher, Spielsachen und solchen Zeitvertreib.

Die einen sind schon längst gestorben, die anderen waren noch gar nicht auf der Welt.

Und schwere Gedanken kommen einem in den Sinn, nicht allein über das, was es alles gibt auf der Welt, sondern auch über das, was war und was einmal sein wird.

Seltsam, sehr seltsam …

3; 103f.

Man darf nichts ohne Vorbereitung, ohne Qualifikation, ohne Kontrolle, ohne Verantwortung tun – man kann ohne Qualifikation nicht einmal Schuhputzer sein; sogar ein Mittel zum Klinkenputzen muss analysiert werden, ob es keine Gifte enthält, keine ätzenden, schädlichen Eigenschaften hat. Aber Vater und Mutter kann jeder sein, wer immer nur möchte. Um eine Bude mit Sodawasser aufzumachen, muss man eine Genehmigung haben, eine Erlaubnis der Behörde und hier, wo ein Mensch geschaffen wird – nichts, außer: ich habe Lust gehabt.

7; 95

Wir wissen, dass ihr mit uns unzufrieden seid. Es kommt schon mal vor, dass ihr recht habt. Es ist wahr, dass wir gern auf dem Sofa herumspringen. Ihr sagt, das Sofa geht kaputt, die Federn bekommen einen Knacks. Nicht gleich, nicht so schnell. Ein Sofa, wenn man nicht darauf springt, kann Jahrzehnte halten. Wir glauben das, obwohl wir erst ein Jahrzehnt leben und es nicht prüfen konnten.

Ihr erlaubt uns nicht, die Nüsse zwischen den Türen zu knacken. Die Türen werden dadurch beschädigt. Dies ist noch seltsamer. Die Türen – das ist das Haus. Die Häuser sind hoch, festgebaut, stehen hunderte von Jahren. Aber – mag es auch so sein.

Nicht einmal an den Klinken dürfen wir uns schaukeln; denn sie können, obwohl sie aus Eisen sind, abbrechen. Sonderbar! Wir leben noch nicht lange, sehen uns erst um. Ihr und die ganze Welt – ihr seid sonderbar. Dennoch beschuldigen wir euch nicht des bösen Willens.

Das Eisen bricht? Einverstanden.

Die Kleidung nutzt sich schnell ab? Leider.

Die Scheiben gehen kaputt. Noch dazu beim geringsten Anlass. Sie gehen von selbst kaputt, nicht durch uns. Die Welt ist hart und unnachgiebig. Ich fiel hin, stieß gegen die Wand, gegen das Fensterbrett, gegen den Schrank, den Tisch, gegen die Kante, gegen die Ecke – es schmerzt, manchmal schmerzt es sehr.

4; 70

Ein geschlagenes Kind trägt Spuren der Folter.
7; 25

Warum sollten wir ein Kind nicht möglichst früh lehren, was Geld ist, nämlich eine Entlohnung für eine Arbeitsleistung; damit es den Wert der Unabhängigkeit verspürt, die verdientes Geld verschafft, und damit es die guten und schlechten Seiten des Besitzes kennenlernt. [...]

Denn Geld gibt alles außer Glück; sogar Glück und Verstand, auch Gesundheit und Sittlichkeit kann es dem Menschen geben. Lehre das Kind, dass Geld auch Unglück und Krankheit bringen, dass es einem den Verstand rauben kann. Mag es für sein selbst verdientes Geld Eis essen, soviel es will, und danach Bauchweh bekommen; soll es sich doch um einen Zehner mit seinem Freunde streiten; mag es Geld verspielen, verlieren oder auch erleben, dass es ihm gestohlen wird; mag es ihm auch leid tun, dass es etwas gekauft hat, soll es nach einem einträglichen Tagesdienst trachten und sich davon überzeugen, dass es sich nicht gelohnt hat; soll es schließlich auch für einen Schaden bezahlen.
1; 297f.

Was ist zu machen, damit die Kinder pünktlich zur Schule kommen? Ich höre oft, dass Kinder verspätet zur Schule kommen; man weiß keinen Rat dagegen. Ich schlage also vor, in jedem Zimmer einen Hahn unterzubringen, der am frühen Morgen krähen und die Kinder wecken wird. Sollte unser Ziel nicht erreicht werden, rate ich, auf dem Hof eine Kanone aufzustellen. Die Kanonenschüsse werden bestimmt die Kinder wecken. Wenn aber die Kinder zu spät kommen, weil sie zu langsam gehen, dann wäre es vielleicht zweckmäßig, die Kinder aus einem Flugzeug mit Wasser zu begießen, dann laufen sie schnell zur Schule. Wenn auch auf diese Weise kein gutes Ergebnis erreicht wird, habe ich einen vortrefflichen Rat, diesen nämlich: Man veröffentlicht die Namen der Nachzügler in einer Zeitung. „Uns interessiert nicht, was man in den Zeitungen schreibt", werden die Kinder wohl sagen. „Leute, welche die Zeitung lesen, kennen uns ja nicht." Ach so! Da kann man ja die Nachzügler in der Schulwandzeitung nennen! „Was macht uns das aus", werden die Kinder sagen, „in der Schule wissen ja alle, dass wir Nachzügler sind." Na ja! – Ich schlage also vor, und das ist mein letzter, hoffentlich bester Rat: Die Erwachsenen mögen eine Erklärung in der Wandzeitung veröffentlichen, in der sie versprechen, nirgends und niemals sich zu verspäten und die Kinder aufrufen, ihrem Beispiel zu folgen.

6; 126

Kinder zum Schlafen zu zwingen, wenn sie nicht schlafen wollen, ist ein Vergehen. Es ist absurd, eine Aufstellung darüber anzufertigen, wie viel Stunden Schlaf ein Kind braucht. Die für ein bestimmtes Kind notwendige Stundenzahl festzustellen ist leicht, wenn man eine Uhr zu Rate zieht: wie viele Stunden schläft es ohne Unterbrechung, bis es ausgeschlafen erwacht. Ich sage ausgeschlafen und nicht wach. Es gibt Zeiten, in denen das Kind mehr Schlaf braucht, und solche wo es länger auch ohne zu schlafen im Bett bleiben möchte, weil es erschöpft ist, und nicht, weil es schläfrig ist.

Zeiten der Ermattung: abends geht das Kind nicht gern zu Bett, weil es noch nicht schlafen will, morgens verlässt es nur ungern das Bett, weil es noch keine Lust hat, aufzustehen. Abends gibt es vor, noch nicht müde zu sein, weil man ihm nicht erlaubt, im Liegen Bilder auszuschneiden, mit Bauklötzen oder mit seiner Puppe zu spielen, weil man das Licht löscht und das Sprechen verbietet. Am Morgen tut es so, als schlafe es noch, weil man es sonst heißt, sofort aufzustehen und sich kalt zu waschen. Wie fröhlich begrüßt es jeden Husten, jede erhöhte Temperatur, die es ihm ermöglichen, ohne zu schlafen im Bett zu bleiben.

Zeiten der inneren Ausgeglichenheit: Das Kind schläft schnell ein, aber es erwacht noch vor dem Morgengrauen voller Energie, Bewegungsfreude und übermütiger Initiative. Weder ein bewölkter Himmel noch ein kaltes Zimmer können es schrecken: barfuß, im Nachthemd macht es sich warm, indem es über Tisch und Stühle hüpft. Was soll man tun? Spät zu Bett bringen, sogar erst, oh Graus, um elf Uhr. Ihm erlauben, im Bett zu spielen. Ich frage, warum ein Gespräch vor dem Einschlafen „den Schlaf rauben“ soll und ob nicht die Aufregung darüber, dass man, ohne es zu wollen, ungehorsam sein muss, viel eher „den Schlaf raubt“.

Die zweifelhafte Maxime, früh schlafen zu gehen und früh wieder aufzustehen, haben die Eltern aus Bequemlichkeit bewusst zu einer anderen verfälscht: je mehr Schlaf, desto gesünder. Der öden Langeweile des Tages fügen sie noch die quälende Eintönigkeit des abendlichen Wartens auf das Einschlafen hinzu. Schwerlich lässt sich ein Befehl denken, der despotischer und bereits einer Tortur ähnlicher wäre, als der:

„Schlaf ein!“

1; 72f.

Mitgefühl sollte es für Gute und Böse, für Menschen und Tiere, ja selbst für einen abgeknickten kleinen Baum oder für einen kleinen Stein geben.

Ich habe einen Buben gekannt (jetzt ist er schon erwachsen), der die Steine, die auf dem Weg lagen, auflas und in den Wald schleppte: dort würde sie niemand mehr mit Füßen treten.

Es gibt starke und brennende, sanfte und wehmütige, beinahe schreiende und stille Gefühle.

Was ist Liebe? Liebt man immer nur aus einem bestimmten Grund, liebt man immer bestimmte Menschen und liebt man soviel, wie man sollte? Liebt man immer gleich oder liebt man einmal mehr und einmal weniger? Was ist Dankbarkeit und was ist Achtung? Was ist der Unterschied zwischen: sehr gern haben und lieben? Wie kann man wissen, wen man mehr liebt?

Ich habe bemerkt, dass junge Menschen nicht gern über ihre Gefühle sprechen. Vielleicht fällt es ihnen nur schwer, ihnen Ausdruck zu verleihen. Selbst kleine Kinder mögen das nicht.

Aber die Erwachsenen fragen oft:

„Hast du mich lieb? Wen hast du lieber?"

Einmal fragte ich einen Buben, woran er erkannt hatte, dass er das eine Mädchen lieber mochte als alle anderen. Er antwortete: „Weil ich früher mit ihr genauso gesprochen habe wie mit allen anderen auch, mich dann aber ganz plötzlich vor ihr geniert habe."

Manchmal ist einem gar nicht bewusst, dass man jemanden lieb hat; erst, wenn er einmal fort ist, empfindet man Unruhe, Einsamkeit und Leere, und man fühlt sich verwaist. Und man grübelt nach, wann er wohl wiederkommt. Das nennt man Sehnsucht. [...]

Es gibt so mancherlei verschiedene Gefühle, dass es schwerfällt, sie alle aufzuzählen. Man kann versuchen, sie alle aus einem Wörterbuch herauszusuchen und in ein Heft abzuschreiben. Denn hier kann ich nur kurz ein paar der wesentlichsten Gefühle erwähnen (solche, von denen mir die Kinder von sich aus erzählt haben, und nicht, weil sie dazu aufgefordert wurden). Und ich spreche von ganz alltäglichen, gewöhnlichen Gefühlen.

Von drei Gefühlen will ich noch sprechen: vom Gefühl der Enttäuschung, von dem der Erbitterung und dem der Kränkung.

„Ich habe eine Enttäuschung erlebt. Ich hatte geglaubt, es würde gut enden, aber das war ein Irrtum. Es ist anders gekommen, als ich wollte."

Die Menschen sprechen von:

„Einer schmerzlichen, einer bitteren Enttäuschung."

Nun ja: manchmal empfindet man so etwas als Schmerz und manchmal nur als unangenehmen, bitteren und herben Geschmack. Oft verbindet sich mit dem Gefühl der Enttäuschung auch noch ein anderes: Erbitterung. Wir sind erbittert, weil wir enttäuscht wurden, weil unser Vertrauen missbraucht wurde.

Wenn ein Freund ein Geheimnis verrät, wenn er einen belügt und betrügt, dann ist man sehr traurig und erbittert.

Endlich möchte ich noch das Gefühl des Gekränktseins nennen. Wenn jemand mich demütigen will, wenn jemand einen Menschen verhöhnt oder beleidigt, den ich liebe und hoch achte – das macht mich traurig, das tut mir weh und das erbittert mich. „Ein Schlag tut nicht so weh wie manche Worte“, sagte einmal ein Bub. „Anstatt mich zu verhöhnen, sollen sie mich lieber schlagen“ – meinte ein anderer.

Meistens tun die Kinder nur so, als machten sie sich nichts daraus, wenn die Erwachsenen sie demütigen und kränken. Es sei denn, sie hätten schon jegliches Gefühl für Schmach verloren. Gefühle verkümmern nämlich, wenn man sie vernachlässigt. Man sagt – sie stumpfen ab.

Die Menschen sind verschieden. Der eine ist oft fröhlich und selten traurig, bei einem anderen ist es genau umgekehrt. Der eine kommt beinahe mit allen Menschen gut aus und niemand ist ihm direkt unsympathisch; ein anderer scheint mit der ganzen Welt zerfallen, da ist es schwer, mit ihm gut auszukommen. Manche freunden sich rasch mit einem neuen Menschen an, andere hingegen sind misstrauisch und überlegen hin und her, bevor sie äußern:

„Ich mag ihn gern.“

Der eine hat ein gutes Gedächtnis, der andere vergisst schnell.

Es gibt vielerlei Menschen.

Früher dachte ich wie alle: dass Kinder leicht aufbrausen und dass es ihnen leicht fällt, einander wieder gut zu sein.

Vor einer Stunde haben sie sich noch geprügelt, und schon spielen sie wieder miteinander. Gerade haben sie noch miteinander gespielt, und schon ist wieder ein Streit ausgebrochen. Gewiß, im Zorn sagt man schon mal: „Mit dem sprech' ich nie wieder. Nie wieder spiele ich mit dem da."

Oder im entgegengesetzten Fall: „Er wird immer mein Freund sein." Aber so etwas äußert man nur ausnahmsweise – und bei den Erwachsenen ist es nicht anders. Manchmal wächst über lange Zeit hinweg eine Antipathie, manchmal währt eine Freundschaft viele Jahre.

3; 134ff.

Merkwürdig ist der Mensch. Fröhlich ist es ihm zumute, dann aber plötzlich – traurig.

Ich weiß nicht genau, aber es scheint mir so, dass die Erwachsenen öfter verärgert als traurig sind. Aber vielleicht sind sie für sich im stillen traurig und ärgern sich nur über die Kinder. Es kommt selten vor, dass wir von einem Lehrer sagen:

„Der Lehrer war heute traurig."

Leider aber oft:

„Der Lehrer war heute böse."

Die Kinder weinen öfter als die Erwachsenen, nicht etwa deswegen, weil sie Heulsusen sind, sondern deshalb, weil sie tiefer empfinden, mehr leiden.

Warum achten die Erwachsenen unsere Tränen nicht? Denn sie glauben, dass wir oft wegen jeder

Kleinigkeit weinen. Nein. Kleine Kinder schreien, denn das ist ihre einzige Verteidigung; macht so ein Kind viel Lärm, dann wird sich schon jemand finden, der darauf aufmerksam wird und ihm zu Hilfe kommt. Oder es schreit aus Verzweiflung. Wir dagegen weinen selten und nicht einmal über wichtigste Dinge. Wenn es sehr weh tut, dann zeigt sich nur eine Träne, und Schluss. Bei den Erwachsenen kommt das auch vor, dass ihnen im Unglück die Tränen austrocknen, plötzlich wegbleiben.

Am seltensten kannst du aber weinen, wenn sie sich ärgern und keinen Grund haben. Du wirst den Kopf senken und weiter nichts. Manchmal fragen sie dich, und du antwortest nicht.

Manchmal willst du antworten, bewegst aber nur die Lippen und kannst nicht. Sie meinen, es sei Eigensinn. Und manchmal stellt sich wirklich eine Verbissenheit ein, dass es einem egal ist: sie mögen schlagen, dann ist es schneller zu Ende. Also du zuckst die Schulter oder brummst etwas vor dich hin. Denn in deinem Kopf kreisen nur die schlimmsten Gedanken und die hässlichsten Worte. Dann überlegst du nicht mehr, ob es dein Lehrer oder dein Vater ist. Oder im Kopf nichts, nur in der Brust – stumme Verzweiflung und Wut.

Oft hörst du nicht einmal, was sie schreien, verstehst kein einziges Wort. Du weißt noch nicht einmal, worum es ihnen geht. Nur in den Ohren saust es, und deine Gedanken gehen wirr durcheinander.
4; 85f.

Die Buben rufen: „Herr Doktor, die schlagen sich.“ Ich gehe sofort hin, schaue zu und passe auf, aber ich trenne die Streithähne nicht. Warum auch? Wenn ich den einen bei der Hand fasse, dann nützt das der andere aus und schlägt zu, also noch schlimmer. Und? Unterbreche ich den Kampf nicht fachgerecht, dann beenden ihn die beiden später eben anderswo. Oder sie haben Angst, ich könne sie trennen, bevor sie fertig wären; also mogeln sie in der Eile, und anstatt eines sauberen Kampfes schaue ich einem verunstalteten, verdorbenen Torso, einem Fragment, einem denaturierten Bruchstück einer Schlägerei zu.

Am schlimmsten ist ein Neuling bei solch einer Schlägerei: er weiß nichts, er sieht nichts voraus, er kann nichts: gleich schlägt er mit der Faust dem andern auf die Nase. Es gibt Nasen, die ungewöhnlich schnell zu bluten anfangen; ein erfahrener Ringer weiß das und vermeidet – um des lieben Friedens willen – solche Schläge; aber ein Neuling fällt gleich damit hinein. Denn die Erwachsenen schreien sofort: „Blut – Totschlag.“ Aber es ist bei weitem kein Totschlag, sondern nur die besondere Eigenschaft der oben erwähnten Nase.

Ich weiß: man darf niemandem hinterhältig an die Gurgel springen, niemanden in den Leib schlagen, ihm den Kopf nicht gewaltsam herumdrehen, ihm die Finger nicht ausrenken (das gilt für die zweite Kampfphase). Nicht an der Kleidung reißen! Denn Kleidung, Stühle und Gegenstände überhaupt – das sind nur neutrale Beobachter.

Aber ein geschickt geführter Kampf, nach den Regeln, mit Technik, konzentriert, eine Schlägerei *per se* – ein würdiger, ehrlicher Kampf –, das ist schon etwas. Und gerade deshalb: nur in gegenseitiger Achtung, nicht so oft, nicht zur Alltäglichkeit herabgewürdigt, nicht ausgeartet darf es geschehen. In seltenen Fällen, ausnahmsweise, wenn es sich gar nicht mehr vermeiden lässt, aber nicht wegen einer Lappalie, nicht irgendwie oder um irgendwas.

Daher habe ich mir diese fünf Arten ausgedacht. Ein starker Wille, eine Bremse. Oh ja, der Wille – die Kralle des Löwen, die Feder des Adlers, die Schwinge des Falken – nicht die Faust, sondern der Wille!

Merke: Ich bin kein Anhänger von Schlägereien. Aber als Erzieher muss ich sie kennen. Und ich kenne sie. Ich verurteile sie nicht. Ich bin damit einverstanden.
3; 184f.

Man sollte daran denken, dass nicht nur Kinder spielen, sondern auch Erwachsene, dass Kinder nicht immer gern spielen, dass keineswegs alles, was wir als Spiel bezeichnen, es auch wirklich ist, dass viele Kinderspiele Nachahmungen ernsthaften Tuns von erwachsenen Menschen sind, dass Spiele im freien Gelände vollkommen anders sind als Spiele innerhalb der Mauern einer Stadt oder der Wände eines Zimmers, und dass Kinderspiele allein unter dem Gesichtspunkt der Stellung untersucht werden dürfen, welche die Kinder in unserer gegenwärtigen Gesellschaft einnehmen.

Ein Ball.

Schau dir einmal die mühseligen Versuche des Jüngsten an, den Ball aufzuheben, um ihn in der erwünschten Richtung über den Fußboden rollen zu lassen.

Betrachte die unermüdlichen Übungen der Älteren, den Ball mit der rechten oder der linken Hand zu fangen, ihn immer wieder vom Boden oder von der Wand abzuschlagen, ihn mit dem Schlagstock zu treffen und ihn ins Ziel zu werfen. Wer schafft es am weitesten, am höchsten, am treffsichersten, am häufigsten? Da gibt es Wetteifer, Erkenntnis des eigenen Könnens durch Vergleich, da gibt es Triumphe, Niederlagen und Vervollkommnung. […]

Es gibt Kinder, die selbst nicht spielen, aber gern zusehen, wie Erwachsene Billard oder Schach spielen. Auch bei diesen Spielen gibt es interessante, falsche und geniale Züge. […]

Das Spiel ist nicht eigentlich das Lebenselement des Kindes, wohl aber das einzige Betätigungsfeld, auf dem wir ihm eine engere oder weitere Initiative erlauben. Beim Spiel fühlt sich das Kind bis zu einem gewissen Grade unabhängig. Alles andere ist ein flüchtiger Gunstbeweis, ein Zugeständnis des Augenblicks; auf das Spiel aber hat das Kind ein Recht.

Wenn ein Kind Pferdchen, Soldat, Räuber und Gendarm oder Feuerwehr spielt, dann entlädt es seine Energie in scheinbar zweckgerichteten Bewegungen; es gibt sich zeitweilig Täuschungen hin oder flieht bewusst aus dem grauen Alltag seines wirklichen Lebens. Deshalb lieben Kinder die Gesellschaft von Gleichaltrigen mit lebhafter Phantasie, vielseitiger Initiative und einem großen Schatz von Motiven, die aus Büchern stammen, so sehr; und sie unterwerfen sich untertänig oft der despotischen Macht solcher Gleichaltriger, weil ihre eigenen nebelhaften Einbildungen sich so leichter in den Schein einer Wirklichkeit umsetzen lassen. Die Gegenwart von Erwachsenen und Fremden legt Kindern Hemmungen auf; sie schämen sich ihrer Spiele, und sie sind sich deren Nichtigkeit bewusst.

Wie viel bitteres Wissen von dem Mangel an wirklichem Leben und wie viel schmerzliche Sehnsucht danach wirkt doch in dem Spielen der Kinder fort!

Der Stecken ist kein Pferd für das Kind, es muss nur mangels eines wirklichen Pferdes mit einem hölzernen vorliebnehmen. Wenn es in einem umgekippten Stuhl durchs Zimmer paddelt, so ist das noch keine Kahnfahrt auf einem Teich. [...]

Zahlreiche Kinderspiele sind Arbeit.

Wenn Kinder sich zu viert eine Hütte aus Zweigen bauen, mit einem Stück Blech, einer Glasscherbe oder einem Nagel Löcher graben, Pflöcke einschlagen, sie miteinander verbinden, ein Dach aus

Zweigen auflegen, es mit Moos abdichten und dabei schichtweise angestrengt und schweigend arbeiten, dann ist dieses Tun – das zwar spielerisch ist, aber Verbesserungen entwirft, weitere Pläne entwickelt und die Ergebnisse erworbener Erfahrungen weitergibt – kein Spiel; vielmehr ist es eine unbeholfen ausgeführte Arbeit mit unzureichendem Gerät und ungenügendem Material, die darum wenig ergiebig ist; sie ist aber so organisiert, dass jedes Kind entsprechend seinem Alter, seinen Kräften und seinen Fähigkeiten sich so viel Mühe gibt, wie es nur vermag.

Wenn ein Kinderzimmer gegen unser ausdrückliches Verbot so oft zur Werkstatt und zu einem Magazin von Gerümpel – d.h. von Material zur Ausführung beabsichtigter Arbeiten – wird, sollte man dann nicht dem nachgehen? Vielleicht ist es nicht angebracht, das Zimmer eines kleinen Kindes mit Linoleum auszulegen; vielleicht sollte man lieber eine Fuhre gesunden gelben Sandes darin verteilen und ein Sortiment von Holzstäben und eine Schubkarre Steine hinzugeben? Vielleicht wären Bretter, Dachpappe, ein Pfund Nägel, Säge, Hammer und eine Hobelbank willkommenere Geschenke als „Spielzeug", und ein Werklehrer nützlicher als ein Meister der Gymnastik oder des Pianos. Dann müsste man aber aus dem Kinderzimmer die Ruhe und die sterile Sauberkeit eines Krankenhauses sowie die Furcht vor zerschundenen Fingern vertreiben.

Oft weisen auch verständige Eltern ihr Kind

voller Verdruss an: „Geh spielen!"; und schmerzlich berührt hören sie die Antwort: „Immer nur spielen und spielen." Was sollen Kinder anfangen, wo sie doch nichts anderes haben? [...]

Was sind denn friedliche Kinderspiele anderes als eine Unterhaltung, ein Gedankenaustausch, ein Phantasieren über ein bestimmtes Thema, das durch den Traum von der Macht dramatisiert wird. Beim Spielen geben Kinder ihre eigentlichen Ansichten ebenso kund, wie ein Autor in der Handlung eines Romans oder eines Theaterstückes seinen Grundgedanken entwickelt. Deshalb kann man hier so oft eine unbewusste Satire auf die Erwachsenen wahrnehmen, wenn sie Schule spielen, einen Besuch abstatten, Gäste empfangen, Puppen bewirten, kaufen und verkaufen, sich verdingen und ihren Dienst versehen. Das Schulespielen nehmen passive Kinder ernst, da sie gerne ein Lob ernten möchten – die aktiven spielen sich als Witzbolde auf, deren Unfug oft zu allgemeinen Protestkundgebungen gegen sie führt; verraten sie damit nicht unwillkürlich ihr wirkliches Verhältnis zur Schule?

Wenn ein Kind um alle Welt nicht in einen Garten gehen kann, so macht es desto lieber lange Reisen über die Weltmeere zu unbewohnten Inseln; wenn es nicht einmal einen Hund besitzt, der ihm gehorcht, dünkt es sich gern Anführer eines ganzen Regiments – es möchte gerade dann, wenn es nichts zu sagen hat, gerne alles bedeuten. Aber ist das nur bei Kindern so? Geben nicht auch politische Parteien – je nach ihrem Einfluss auf die öffentlichen Angelegenheiten – das Schwarzbrot realer Errungenschaften für Luftschlösser hin?

Manche Spiele, Nachforschungen und Versuche der Kinder sehen wir gewöhnlich gar nicht gern. Das Kind geht auf allen Vieren und bellt, um zu erfahren, wie sich Tiere benehmen; es stellt sich lahm oder es spielt einen gebückten Greis, es schielt, stottert, torkelt wie ein Betrunkener, es ahmt einen Verrückten nach, den es einmal auf der Straße gesehen hat, es geht mit geschlossenen Augen (ein Blinder), es hält sich die Ohren zu (ein Tauber), es legt sich flach hin, verharrt regungslos und hält den Atem an (ein Toter); es guckt durch Brillengläser, nimmt einen Zug aus der Zigarette und zieht heimlich die Uhr auf; es reißt einer Fliege die Flügel aus: wie wird sie nun fliegen? Es fängt mit einem Magneten eine Schreibfeder ein; es betrachtet seine Ohren (wo sind denn da die Trommelfelle?), seinen Rachen (was gibt's denn da für Mandeln?); ein Bub schlägt einem kleinen Mädchen vor, Doktor zu spielen, denn er hofft, dadurch zu erfahren, wie es beschaffen ist; das Kind läuft mit einem Brennglas in die Sonne, horcht, was da in der Muschel rauscht und schlägt zwei Steine gegeneinander.

Alles, dessen man sich vergewissern kann, will es sehen, untersuchen, erfahren; es bleibt auch so noch genug, was man einfach glauben muss.

Alle sagen, dass es nur einen Mond gibt – aber er ist doch überall zu sehen.

„Hör mal, ich bleib hier hinterm Zaun, und du gehst in den Garten."

Sie schlossen das Gartentor.

„Na und jetzt, ist der Mond im Garten?"

„Ja."

„Hier ist er auch."

Sie wechselten die Plätze und überprüften das Ganze noch einmal; jetzt haben sie die Gewißheit, dass es zwei Monde gibt.

Einen besonderen Platz nehmen Spiele ein, die der Erprobung der eigenen Kräfte und der Erkenntnis des eigenen Wertes dienen; aber das lässt sich nur im Vergleich mit anderen bewerkstelligen.

Wer also kann längere Schritte machen, und wie viele Schritte geht einer mit geschlossenen Augen; wer kann länger auf einem Bein stehen, wer muss nicht mit den Augen zwinkern und nicht lachen, wenn er einem anderen in die Augen blickt; wer kann länger den Atem anhalten? Wer schreit lauter, wer spuckt weiter, wer schafft beim Pissen den höchsten Bogen, und wer kann den Stein höher schleudern? Wer springt mehr Stufen hinunter, wer springt höher und weiter, und wer hält den Schmerz eines gequetschten Fingers länger aus? Wer kommt schneller am Ziel an, wer kann wen hochheben, zu sich hinüberziehen, umwerfen?

„Ich kann das. Ich verstehe das. Ich weiß, ich habe."

„Ich kann es besser. Ich weiß mehr. Meins ist besser."

1; 87ff., 94ff.

Die Kinder sind zänkisch? Das ist unwahr – sie sind sowohl verträglich als auch nachsichtig. Sieh dir die Bedingungen für ihre Arbeit und ihr Zusammenleben genau an. Versuch doch einmal, vierzig Beamte in einem Raum auf unbequemen Bänken unter ständiger Kontrolle eines Vorgesetzten zu halten – sie werden einander die Augen auskratzen.
1; 194

Ich frage, warum will es beim Trinken das Glas selbst halten, während die Mutter das Glas nicht einmal berühren darf; warum will es nicht mehr essen, ißt aber gleich weiter, wenn man ihm erlaubt, den Löffel selbst zu halten? Warum bläst es fröhlich ein Streichholz aus, schleppt Vaters Pantoffeln herbei, bringt der Großmutter den Fußschemel? Ist das bloßer Nachahmungstrieb? Nein, es ist viel mehr, das ist etwas sehr Kostbares.

„Ich allein" – ruft es tausendmal mit Gebärden und Blicken, mit seinem Lachen und seinem Flehen, zornig und unter Tränen. [...]

Habt ihr schon einmal darauf geachtet, wie oft ein Kind, wenn im Vorflur die Klingel geht, bittend ruft: „Ich mach' schon auf!"?

Zum einen ist das Schnappschloß der Eingangstür nicht ganz leicht zu öffnen, und zum anderen ist es das Gefühl, dass dort vor der Tür ein Erwachsener steht, der sich nicht zu helfen weiß und darauf wartet, dass er – der Kleine – ihm hilft. Solche kleinen Triumphe feiert ein Kind, das schon von weiten Reisen träumt und sich in seinen Träumen in die Rolle des Robinson auf einer menschenleeren Insel hineinversetzt; und in Wirklichkeit doch schon glücklich ist, wenn man ihm nur erlaubt, aus dem Fenster zu schauen.

„Kannst du schon selbst auf einen Stuhl steigen? – Kannst du auf einem Bein hüpfen? Kannst du mit der linken Hand einen Ball auffangen?“

Und das Kind vergißt, dass es mich nicht kennt, dass ich ihm in den Hals schauen und ihm Arznei verschreiben werde. Ich spreche von Dingen, die stärker sind als das Gefühl der Verlegenheit, der Angst, der Unlust, und so antwortet es fröhlich:

„Das kann ich.“

Habt ihr schon einmal gesehen, wie ein kleines Kind lange, geduldig, mit unbewegtem Gesicht, halboffenem Mund und gesammeltem Blick seine Strümpfe oder die Pantoffeln anzieht und wieder abstreift? Das ist weder gedankenlose Spielerei noch bloße Nachahmung, sondern Arbeit.

Welche Nahrung werdet ihr seinem Willen bieten, wenn es drei, fünf, zehn Jahre alt ist?

1; 50f.

Erotische Empfindungen leben in jedem Kinde. Die Natur verlangt vom Leben Wachstum und Vermehrung; diesem Gesetz sind Mensch, Tier und Pflanze unterworfen. Sexuelle Gefühle erwachen nicht plötzlich und von ungefähr; sie schlummern noch, aber du verspürst bereits ihren leisen Atem. Solche Regungen, Umarmungen und Küsse, solche versteckten und offenen sinnlichen Spiele gibt es auch bei Kindern. Der Erzieher sollte dann jedoch weder die Augen zum Himmel erheben noch vor Erstaunen die Hände zusammenschlagen und sich schon gar nicht empört abwenden.

Gib dem Kinde genügend Auslauf, damit es sich nicht langweilt, lass es herumtoben und lärmen, lass es nur so lange schlafen, wie es mag. Dann wird das sexuelle Gefühl sich ruhig entwickeln, ohne Schmutz aufzurühren und Schaden anzurichten.

Das forschende Auge der Wissenschaft hat das Grundelement des Sexus im elterlichen Empfinden entdeckt. Die Mutter, die das Kleine nährt, unterliegt seinem Einfluss in gleichem Maße wie der Vater, wenn er die erkalteten Hände seines toten Kindes an die Lippen drückt.

Wenn man harmlos Gesicht und Haar eines Kindes streichelt, wenn man es zudeckt und, wenn es ruhig schläft, am Kopfende seiner Wiege um sein Glück betet, so ist das ein normaler Ausdruck gesunder erotischer Gefühle. [...]

Du musst über dein Gefühl den Kindern gegenüber Klarheit gewinnen; und du musst wachsam sein; denn die Kinder, die du nicht nur erziehst, sondern von denen du selbst ebenfalls erzogen wirst, können dich auch verderben.

Die vier Wände des Elternhauses, der Schule, des Internates bergen düstere Geheimnisse. Manchmal werden sie für einen Augenblick durch das Blitzlicht eines Skandals sichtbar. Und dann herrscht wieder Dunkelheit.

In der gesetzlich sanktionierten Vergewaltigung, die unsere Erziehung an den Seelen der Kinder begeht, in der Unfreiheit und der unanfechtbaren Herrschaft der Erwachsenen sind notwendigerweise auch Willkür und Verbrechen verborgen.

1; 174f.

Die Erwachsenen meinen, dass Kinder sich überhaupt nicht um ihre Gesundheit kümmern: wenn man nicht dauernd auf sie aufpasste, so würden sie alle aus dem Fenster fallen, ertrinken, von Autos überfahren werden, sich die Augen ausschlagen, die Beine brechen, Hirnhautentzündung oder Lungenentzündung bekommen, und ich weiß selber nicht, was für Krankheiten sonst noch.

Aber nein. Kinder wollen, ebenso wie die Erwachsenen, gesund und kräftig sein; sie sind sich dessen nur nicht bewusst. Wenn man ihnen das aber erklärt, geben sie auch auf sich acht. Man sollte ihnen nur keinen Schrecken einjagen oder ihnen zu viel verbieten. Denn sie glauben einem nicht mehr, wenn man sie unnötig erschreckt; wenn man sie in ihrer Bewegungsfreiheit allzusehr einengt, dann werden sie ungeduldig und tun mit trotziger Offenheit oder auch heimlich gerade das, was man ihnen verboten hat.

Es gibt bedächtige und leichtsinnige Menschen: und dies unter den jüngeren ebenso wie unter den älteren. Das lässt sich nun einmal nicht ändern. Kinder laufen gern herum, und sie möchten gar zu gern ihre Kräfte ausprobieren, auch dagegen ist kein Kraut gewachsen. Man müsste ein Buch schreiben, das ruhig und sachlich darüber Aufschluss gibt.

Man sollte zum Beispiel wissen: der eine hat gesunde Zähne, er weiß nicht, was Zahnschmerzen sind, und er hat noch nie mit dem Zahnarzt Bekanntschaft geschlossen; der andere hat schon manche Nacht hindurch geweint, weil er Zahnschmerzen hatte. Der eine hat Kopfweh oder Bauchweh, der andere aber lacht ihn aus: „Das Bäuchlein tut ihm weh, das Köpfchen tut ihm weh; mir tut nie etwas weh!"

Manch einer verletzt sich, aber es macht ihm gar nichts aus.

Ich habe einen lebhaften Buben gekannt, der im Sommer barfuß herumlief und nach seiner Rückkehr vom Land an beiden Beinen siebzehn Wunden, Kratzer und blaue Flecken hatte.

„Was ist da schon dabei? Das heilt doch wieder. Das ist nichts Besonderes."

Bei einem anderen dauerte es jedesmal wochenlang, bis auch noch die kleinste Wunde verheilte. Daher muss der eine mehr auf sich achtgeben, während der andere sich mehr herausnehmen kann.

Mit schwächlichen Kindern kenne ich mich besser aus als mit kräftigen; ich sage ihnen aber niemals: „Du wirst eine Lungenentzündung bekommen.“ Ich sage nur: „Du kriegst einen Schnupfen.“ Ich sage auch nicht: „Du wirst dir die Hand brechen“, sondern: „Die Hände werden dir wehtun.“ Und auch das nur, wenn sie beim Ringkampf allzu grob verfahren. Ein kleiner Schmerz stört einen gesunden Buben nicht einmal. Zum Beispiel nach dem Eislaufen, nach dem Rudern oder nach einem langen Ausflug.

Man sollte nicht allzu oft davon sprechen, was alles passieren könnte, man sollte vielmehr daran denken, dass es oft gerade noch gut geht, und dass Vorhersagen nicht immer zutreffen.

3; 137f.

Grundsätzlich also sollte das Kind so viel essen, wie es will, nicht weniger und nicht mehr. Selbst bei der Notwendigkeit der kräftigeren Ernährung eines kranken Kindes sollte man das Kind bei der Zusammenstellung der Speisekarte befragen und die Kur mit ihm zusammen durchführen.

1; 72

6. Kapitel

ICH BRINGE DIR KEINE LANGEN GEBETE, GOTT

Kinder haben das Recht auf eine Zwiesprache mit Gott. Er darf ihnen nicht vorenthalten werden. Dieser Gott ist der „große Adressat“, an den Fragen, Anklagen, Nöte, Beobachtungen und vieles mehr weitergeleitet werden können. Korczak kennt keine konfessionell begrenzte Religiosität. Er findet Gott im Nest einer Lerche und im Herzen der Kinder.

Als junger Mensch betet Korczak: „Gib mir, o Herr, ein schweres, aber ein schönes, reiches, würdiges Leben.“ 1942, im Warschauer Ghetto, dankt er Gott „für die Wiese und die Farben der Sonnenuntergänge“ – fast fühlt man sich an den Sonnengesang des heiligen Franziskus von Assisi erinnert. Korczak selbst ist Jude im katholischen Polen. Zeit seines Lebens bleibt er ein Gottsuchender mit „franziskanischer Seele“ (Erich Dauzenroth), tief geprägt von einer Ehrfurcht vor dem Leben, vor den niedrigsten Kreaturen, den Läusen und den Spatzen, bis hin zur Ehrfurcht vor dem „aus Staub entstandenen Wesen, in dem Gott Wohnung genommen hat“.

Korczak hat die Einsamkeit des Kindes vor Augen, wenn er seinen Gott ins Spiel bringt, der aus der Einsamkeit befreien kann. Es gibt Stunden und es gibt Fragen, in denen das Kind auf sich allein gestellt ist und aus denen der Glauben befreien kann. Das Kind braucht Gott zur Bewältigung dieser Einsamkeit. Ohne einen Gott will und kann Korczak den Kindern das Geheimnis des Lebens und des Sterbens nicht erklären. Mitunter gegen den Widerstand seiner Mitarbeiter im Waisenhaus vertritt er die Meinung, Kinder müssten beten und der Erzieher solle ein flehendes Gebet zusammenfügen. Seine eigene Religiosität verdichtet sich „im Knien vor der Einmaligkeit und dem großen Geheimnis „Kind“.

Gebet eines Erziehers

Ich bringe dir keine langen Gebete, Gott.

Noch sende ich zu dir zahlreiche Seufzer ... Ich mache keine tiefen Verbeugungen, bringe kein reiches Opfer zu deiner Ehre, zu deinem Ruhm. Ich wünsche nicht, mich hineinzustehlen in deine mächtige Gnade, noch trachte ich nach erhabenen Gaben.

Meine Gedanken haben keine Flügel, die das Lied zum Himmel trügen.

Meine Worte haben weder Farbe noch Duft noch Blüten. Müde bin ich und schläfrig.

Mein Blick ist verdunkelt, der Rücken gebeugt unter der großen Last meiner Pflicht.

Und dennoch trage ich eine herzliche Bitte zu Dir, o Gott. Und dennoch besitze ich ein Juwel, das ich nicht meinem Bruder – dem Menschen – anvertrauen will. Ich fürchte, der Mensch wird es nicht verstehen, nicht nachempfinden, es missachten und verlachen. Während ich vor deinem Antlitz wie graue Demut bin, o Herr, so stehe ich mit meiner Bitte vor dir – als flammende Forderung.

Während ich still flüstere, verkünde ich diese Bitte mit der Stimme unbeugsamen Willens. Mit befehlendem Blick schieße ich über die Wolken.

Aufrecht stehend, stelle ich meine Forderung, denn ich verlange nichts für mich.

Gib den Kindern einen guten Willen, unterstütze ihre Anstrengungen, segne ihre Mühen. Führe sie nicht den leichtesten Weg, aber den schönsten.

Und als Anzahlung für meine Bitte nimm mein einziges Juwel: die Traurigkeit.

Meine Trauer und Arbeit.

5; 44f.

Gebet eines kleinen Mädchens

Allmächtiger Gott, ich habe Mama versprochen, ich werde nicht mehr launisch sein, ich werde gehorchen. – Versprechen fällt leicht, aber wie es halten? Ich habe Angst. Ich werde mir Mühe geben – ich will es sehr. Aber geschieht denn ständig das, was man will? Schon so viele Male sagte ich: „Von morgen an werde ich mich ändern." Vielleicht ist es jetzt wirklich das letzte Mal! – Ich werde mein Wort halten – ich will. Aber du hilf mir dabei, allmächtiger Gott.

Du hast die Welt geschaffen, die sich um ihre Achse und um die Sonne dreht. Du hast den Äquator geschaffen, die Meridiane und die Pole. Du hast die Halbinseln, die Kaps, die Buchten und die Meerengen geschaffen – die Berge, die Hochebenen und die Niederungen. Du hast so viele Säugetiere geschaffen, so viele Pflanzen, so viele Arten von Granit und Quarz. Auf deinen Befehl hin sind die Wälder voll von Tieren, auf einen einzigen Wink von dir treten Flüsse über die Ufer, und Könige machen Beute oder legen die Waffen nieder. Nichts geschieht ohne deinen Willen, ohne deine Erlaubnis.

Ich weiß, der menschliche Verstand ist zu klein, um Gott zu erfassen. Er ist wie ein Tropfen im Meer. Du allein bist allmächtig, es gibt nichts, was du nicht verstehst oder nicht vermagst. Alle wenden sich an dich, du aber stimmst zu oder lehnst ab.

Ich glaube im ganzen Herzen an deine Vernunft und an deine Güte, und wenn ich nicht alles verstehe, so deshalb, weil ich zu klein und zu dumm bin.

Verzeih mir, Gott, meine Lästerung, aber ich muss ehrlich sein, und sowieso gibt es keine Geheimnisse vor dir, denn du kennst ja meine Gedanken. – Also, allmächtiger Gott, wenn du willst, dass die Menschen gut und gerecht sind, warum schaffst du dann nicht alles gut und gerecht? – Warum lässt du zu, dass sie sündigen? – Wenn du den Menschen einen stärkeren Willen gäbst, damit man all das zu tun imstande wäre, was man zu tun beschließt? Ich gebe mir Mühe, ich gebe mir große Mühe, aber es hilft nichts. Und Mama ärgert sich darüber – und ich auch.

Manchmal geht es um eine Kleinigkeit, und doch kann ich nicht nachgeben. Vielleicht deshalb, weil daheim wie auch in der Schule nicht alles gut und gerecht ist. Viel Böses habe ich nicht aus eigener Schuld erfahren, sondern aufgrund der Falschheit und des Schmutzes, von dem die ganze Welt erfüllt ist. – Es stimmt zwar, dass ich nur für mich selbst verantwortlich bin, aber all diese Lügen, Gerüchte, diese Unredlichkeit verekeln den Menschen das Leben.

Allmächtiger Gott, ich will nicht launisch sein, ich will tun, was man mir sagt – aber gib mir den Willen, auszuhalten – hilf mir – gib mir wenigstens einen Strohhalm deiner Allmacht.

An einem Tag hast du die Welt geschaffen! Sage jetzt also nur: „Die Kinder sollen gehorsam sein." – Und so geschehe es.

5; 13ff.

Gebet eines Jungen

Ich weiß, es ist nicht schön, zu bitten. Aber ich bitte nicht *dich*, guter Gott. Du brauchst mir nichts zu geben, aber der Onkel hat mir eine Uhr versprochen, wenn ich gut lerne. Hilf mir nur dabei, dass du den Onkel an sein Versprechen erinnerst.

Ich werde mir Mühe geben, und eigentlich ist es einerlei, ob er sie mir jetzt oder später gibt. Ich habe meinen Freunden gesagt, ich werde eine Uhr haben, aber sie glauben mir nicht, sie werden mich auslachen, sie werden denken, ich habe gelogen, ich gebe an.

Hilf mir, Gott, schließlich fällt es dir so leicht, schließlich kannst du ja alles machen, was du nur willst. Hilf mir, mein guter, mein liebster Gott.

Verzeih mir meine Sünden. Ich habe viel gesündigt. Aus dem Einmachglas habe ich Pflaumenmus genascht, ich habe über einen Buckligen gelacht, ich habe gelogen und gesagt, dass Mama mir erlaubt, schlafenzugehen, wann ich will; Zigaretten habe ich schon zweimal geraucht, und ich habe hässliche Worte gesagt. Aber du bist gütig, du wirst mir verzeihen, denn ich bereue es und will mich bessern.

Ich will gut sein, aber ich kann nicht. Wenn mich jemand wütend macht oder wenn mich jemand überredet, und ich will nicht, dass er denkt, ich hätte Angst; oder wenn ich mich langweile, oder wenn ich etwas sehr gern haben will, obwohl es nicht erlaubt ist, dann kann ich mich nicht bremsen, auch wenn es mir später leid tut. Ich bin ja schließlich nicht böse.

Nicht weil ich mich loben will, aber du weißt es ja selber, weil du eben alles weißt, guter Gott, nämlich: Es gibt Schlimmere als mich. – Ich schwindle manchmal, aber wenn sie nur den Mund aufmachen, dann lügen sie schon. Und sie stehlen. Zweimal ist mir mein Frühstück abhanden gekommen, man hat mir die Schulbücher gestohlen und den Bleistift aus dem Federkasten gezogen. Sie sind es, die mir solche Ausdrücke beigebracht haben. Du weißt es ja, mein Gott. – Ich beklage mich nicht gern, aber du weißt selber, dass ich nicht schlecht bin, auch wenn ich soviel Schlechtes tue.

Hilf mir, gütiger Gott, dass ich nicht sündige, gib Mama und Papa ein langes Leben und Gesundheit, und an diese Uhr erinnere meinen Onkel.

Denn schließlich muss man, was man verspricht, auch halten.

5; 18ff.

Muss man wirklich sterben?

Wo bin ich gewesen, als ich noch nicht auf der Welt war? [...]

Warum sterben Kinder, und Alte bleiben am Leben? Wann soll man mehr weinen, wenn die Großmutter stirbt, oder wenn das Brüderchen stirbt? Warum kann ein Kanarienvogel nicht in den Himmel kommen? [...]

Warum kann ein Hund ohne Seele leben, während ein Mensch ohne sie stirbt? Wird der Doktor auch krank, und muss er auch sterben und warum? [...]

Ob der Pfarrer wohl Gott gesehen hat? Kann ein Adler bis in den Himmel fliegen? Ob Gott auch betet? Was machen die Engel; schlafen sie, essen sie, spielen sie Fußball, und wer näht ihnen die Kleider? Haben die Teufel große Schmerzen? Ob sie wohl die Giftpilze vergiftet haben? Wenn Gott auf die Räuber böse ist, warum muss man dann für sie beten? War Mose sehr erschrocken, als er Gott erblickte? Warum betet Papa nicht, hat Gott ihm das erlaubt? Ist der Donner ein Wunder? Die Luft, ist das Gott? [...]

Wie kindisch ist die Hoffnung von Eltern (nennt sie nur nicht fortschrittlich), die meinen, dass sie ihren Kindern das Verständnis der sie umgebenden Welt erleichtern, wenn sie ihnen sagen: „Es gibt keinen Gott." Wenn es keinen Gott gibt, wer ist es denn, der das alles gemacht hat? Wer macht dann auch das, was sein wird, wenn ich sterbe, und woher ist dann der erste Mensch gekommen? Stimmt es, dass man wie ein Vieh lebt, wenn man nicht betet? Papa sagte, dass es keine Engel gibt; aber ich habe doch mit eigenen Augen einen gesehen. Wenn es keine Sünde ist, warum ist Töten dann verboten? Auch ein Huhn empfindet ja den Schmerz.

Auch hier lauter Zweifel und beunruhigende Fragen.

1; 109, 111f.

„Da oben ist der liebe Gott. Der ärgert sich über unartige Kinder, aber den artigen gibt er Semmeln und Kuchen. Wo ist der liebe Gott?"

„Da oben, ganz weit oben."

Die Straße herauf kommt ein sonderbarer Herr, ganz weiß gekleidet.

„Wer ist das?"

„Das ist der Bäcker, er backt Semmeln und Kuchen."

„Ja? Also ist das der liebe Gott?"

1; 77

Die Welt ist sehr sonderbar. Sonderbar sind die Bäume, die auf irgendeine wundersame Art leben. Sonderbar sind die kleinen Würmer, die nur so kurze Zeit leben. Sonderbar sind die Fische, die in demselben Wasser existieren, in dem der Mensch ersticken und sterben muss. Sonderbar ist alles, was da herumspringt und flattert: Grashüpfer und Vögel und Schmetterlinge. Und die Tiere: die Katze, der Hund, der Löwe und der Elefant. Und am sonderbarsten ist der Mensch.

Es ist, als trüge jeder Mensch die ganze Welt in sich. Wenn ich einen Baum betrachte, dann sind es gleichsam zwei Bäume: der wirkliche – und ein zweiter in meinen Augen, in meinem Kopf, in meiner Vorstellung. Ich bin bereits weitergegangen und habe ihn schon vergessen, aber dann sehe ich ihn aufs neue, erkenne ihn wieder und erinnere mich an ihn. Dieser Baum war also irgendwo in meinen Gedanken aufgehoben, gleichsam im Verborgenen.
3; 153

Denn in der Stunde der Abrechnung bin ich nicht in der einsamen Zelle des traurigsten aller Krankenhäuser – um mich sind Schmetterlinge, Heupferdchen und Johanniskäfer, das Konzert der Grillen und die Solisten der blauen Höhen, – die Lerche.

Guter Gott!

Dank dir, guter Gott, für die Wiese und die farbigen Sonnenuntergänge, für den frischen Abendwind nach einem heißen, mühevollen Tag.

Guter Gott, der du es so weise eingerichtet hast, dass die Blumen duften, dass die Johanniskäfer auf der Erde leuchten und die funkelnden Sterne am Himmel.

Wie fröhlich ist doch das Alter.
Wie angenehm ist die Stille.
Wohltuende Ruhe.

„Der Mensch, den Du ohne Maß mit Deinen Gaben überschüttet, den Du geschaffen und vor Gefahren bewahrt hast ..."

3; 247

Gott allein zählt die Tränen von Vätern und Müttern und von alten Lehrern wie mir und aus diesen Tränen baut Er.

7; 125

Die interessante Welt war nicht mehr außerhalb meiner selbst. Jetzt war sie in mir. Ich bin nicht dazu da, um geliebt und bewundert zu werden, sondern um selbst zu wirken und zu lieben. Meine Umgebung ist nicht verpflichtet, mir zu helfen, sondern ich habe die Pflicht, mich um die Welt, um den Menschen zu kümmern.

3; 304

Vielleicht hat auch das Kind eine Vorahnung, nur ist es nicht imstande zu verstehen; es ahnt ihn, wie es auch die von manchen sorgfältig versteckte Wahrheit und Tragödie des Lebens spürt. Vielleicht hat es, vom reinen Instinkt geführt, in seinem Lachen recht, wenn auch unter Tränen.

Es ahnt den Frühling, ahnt den Augenblick voraus, wo der Mensch sich nicht nur mit dem Menschen verständigen wird, nicht nur der Weiße mit dem Schwarzen, der Reiche mit dem Armen, der Mann mit der Frau und der Erwachsene mit dem Kind – sondern auch mit der Sonne und den Sternen, dem Wasser und der Luft, mit der weißen Birke und dem Maiglöckchen, mit dem Hund und der Lerche. Es ahnt voraus, dass wir nicht nur in Schweiß und Kampf sondern durch Spiel und freudiges Bemühen das erreichen werden, wonach die Menschheit sehnsüchtig über Kreuze und Scheiterhaufen hinweg, in Schweiß und Blut, tragisch, einsam und von Gott verlassen, strebt.

7; 89

Auf dem Land, zwischen Bäumen und Sträuchern, Insekten, Vögeln, Tieren wimmelt es von Menschen.

Und unter den Millionen von Menschen hast du noch ein – ja was denn? – Hälmchen, ein Stäubchen zur Welt gebracht, ein Nichts. [...]

In ihm ist etwas, das empfindet, untersucht –

duldet, begehrt, sich freut, liebt, vertraut, hasst – glaubt, zweifelt, an sich zieht und abstößt.

Dieses Stäubchen umfasst mit seinen Gedanken alles: Sterne und Ozeane, Berge und Abgründe. Und was ist der Inhalt der Seele anders als das All, nur ohne Dimensionen.

Das ist nun der Widerspruch im menschlichen, aus vergänglichem Staub entstandenen Wesen, in dem Gott Wohnung genommen hat.

1; 4

Der Abschied

Wir verabschieden alle die, die schon unser Heim verließen oder in nächster Zeit für immer fortgehen, um nicht mehr wiederzukommen.

Wir nehmen Abschied von ihnen für ihre lange und weite Reise. Diese Reise hat einen Namen – das Leben.

Viele Male dachten wir darüber nach, wie wir sie verabschieden sollen, welchen Rat wir erteilen.

Leider sind Worte arm und schwach.

Wir geben Euch nichts.

Wir geben Euch keinen Gott, denn Ihr müsst ihn selbst in der eigenen Seele suchen, im einsamen Kampf.

Wir geben Euch kein Vaterland, denn Ihr müsst es durch eigene Anstrengung Eures Herzens und durch Nachdenken finden.

Wir geben Euch keine Menschenliebe, denn es gibt keine Liebe ohne Vergebung, und vergeben ist mühselig, eine Strapaze, die jeder selbst auf sich nehmen muss.

Wir geben Euch eins: Sehnsucht nach einem besseren Leben, welches es nicht gibt, aber doch einmal geben wird, ein Leben der Wahrheit und Gerechtigkeit.

Vielleicht wird Euch diese Sehnsucht zu Gott, zum Vaterland und zur Liebe führen.

Lebt wohl, vergesst es nicht.

7; 138

Zeittafel

1878 oder 1879

Janusz Korczak wird am 22. Juli als Henryk Goldszmit, Sohn eines assimilierten polnischen Juden und Rechtsanwalts in Warschau geboren.

1896

Korczaks Vater, der unter Depressionen gelitten hatte, stirbt in einer Nervenklinik. Die Familie ist durch seine Spielleidenschaft verschuldet und muss den sozialen Abstieg und Entbehrungen hinnehmen. Von nun an sorgt der Sohn für sich selbst, seine Mutter und seine Schwester.
Erste Veröffentlichung: „Der gordische Knoten".

1899

Bei einem literarischen Wettbewerb reicht er ein Drama unter dem Pseudonym „Janusz Korczak" ein und gewinnt eine Auszeichnung. Er behält dieses Pseudonym ein Leben lang für seine Veröffentlichungen bei.

1901

Roman „Kinder der Straße". Thema ist, wie in dem späteren Roman „Kinder des Salons" (1904), die Erfahrung von Wohlstand einerseits und Armut andererseits.

1898–1904

Medizinstudium in Warschau. Korczak arbeitet als Arzt in einem Kinderkrankenhaus.

1904–1906

Korczak ist im Russisch-Japanischen Krieg als Militärarzt tätig. Anschließend arbeitet er erneut als Arzt in einem Kinderkrankenhaus und bei wohlhabenden Bürgern.

Er hält sich zu medizinischen Studien in Berlin, Paris und London auf und arbeitet als Erzieher in „Sommerkolonien".

1912–1914

Korczak übernimmt die Leitung des nach eigenen Entwürfen errichteten jüdischen Waisenhauses „Dom Sierot" (Haus der Waisen) in der Krochmalna 92 in Warschau.

1914–1918

Während des Ersten Weltkrieges ist Korczak erneut als Feldarzt tätig. Er schreibt sein erstes pädagogisches Hauptwerk, „Wie man ein Kind lieben soll".

ab 1919

Korczak ist erneut Leiter von „Dom Sierot". Daneben leitet er ein Waisenhaus für jüdische Kinder, „Nasz Dom" (Unser Haus).

Veröffentlichungen: „König Macius", „Wenn ich wieder klein bin", „Allein mit Gott. Gebete eines Menschen, der nicht betet".

1926

Korczak gründet die erste Zeitung von und für Kinder, die „Kleine Rundschau".

Das Kinderbuch „Der Bankrott des kleinen Jack“ erscheint.

1928
Korczak veröffentlicht sein zweites pädagogisches Hauptwerk, „Das Recht des Kindes auf Achtung“.

1931–1939
Korczaks „Radio-Plaudereien des Alten Doktors“ genießen große Popularität. „Kaitus oder Antons Geheimnis“ erscheint.

1940
Zwangsumsiedlung des Waisenhauses „Dom Sierot“ ins Warschauer Ghetto. Korczak, seine Mitarbeiter und die Kinder leben eingeengt und unter unbeschreiblichen Bedingungen.

1942
Im Juli beginnen die Nazis mit der Massentötung der Bevölkerung des Warschauer Ghettos. Anfang August werden die Bewohner des Waisenhauses ins Vernichtungslager Treblinka deportiert. Korczak begleitet die ihm anvertrauten Kinder freiwillig in den Tod; Angebote zu seiner Rettung lehnt er ab. Gemeinsam mit seinen Mitarbeitern und etwa 200 Kindern wird er in den Gaskammern von Treblinka ermordet.

1972
Janusz Korczak wird postum der Friedenspreis des Deutschen Buchhandels verliehen.

Quellenverzeichnis

Dieses Lesebuch enthält Ausschnitte aus folgenden Büchern (im Text mit der vorangestellten Ziffer zitiert)

(1) Janusz Korczak: Wie man ein Kind lieben soll. Hrsg. von Elisabeth Heimpel und Hans Roos. Aus dem Polnischen von Armin Droß. Göttingen, Vandenhoeck & Ruprecht, 11. Aufl. 1995 (die Seitenangaben des vorliegenden Bandes beziehen sich auf die 7. Aufl. 1979).

(2) Janusz Korczak: Das Kind neben dir. Gedanken eines polnischen Pädagogen. Berlin, Volk und Wissen Verlag, 1990.

(3) Janusz Korczak: Das Recht des Kindes auf Achtung. Hrsg. von Elisabeth Heimpel und Hans Roos. Aus dem Polnischen von Armin Droß. Göttingen, Vandenhoeck & Ruprecht, 5. Aufl. 1994.

(4) Janusz Korczak: Wenn ich wieder klein bin und andere Geschichten von Kindern. Aus dem Polnischen übersetzt von Ilka Boll und Mieczysław Wójcicki. Göttingen, Vandenhoeck & Ruprecht, 1973.

(5) Janusz Korczak: Allein mit Gott. Gütersloh, Gütersloher Verlagshaus, in der Verlagsgruppe Random House GmbH, München, 5. Aufl. 1994.

(6) Janusz Korczak: Verteidigt die Kinder! Gütersloh, Gütersloher Verlagshaus, in der Verlagsgruppe Random House GmbH, 5. Aufl. 1992 (die Seitenangaben des vorliegenden Bandes beziehen sich auf die 4. Aufl. 1990).

(7) Janusz Korczak: Von Kindern und anderen Vorbildern. Gütersloh, Gütersloher Verlagshaus, in der Verlagsgruppe Random House GmbH, München, 3. Aufl. 1996.

(8) Janusz Korczak: Der kleine König Macius der Erste. Roman in zwei Teilen für Leser jeden Alters. Aus dem Polnischen übersetzt von Monika Heinker mit einem Nachwort von Günter Schulze. © Gustav Kiepenheuer Verlag GmbH, Berlin, 1978, 1991 (für die deutsche Übersetzung).

Anmerkung des Verlages:

Wir danken den Verlagen und Rechteinhabern für die Erteilung der Abdruckgenehmigungen. Bei einigen Texten war es trotz gründlicher Recherchen nicht möglich, die Inhaber der Rechte ausfindig zu machen. Honoraransprüche bleiben bestehen.

Literatur

Janusz Korczaks Sämtliche Werke (15 Bände) sind im Gütersloher Verlagshaus erschienen, hrsg. von Friedhelm Beiner und Erich Dauzenroth.

Zum Leben von Janusz Korczak

Erich Dauzenroth: Ein Leben für Kinder. Janusz Korczak, Leben und Werk, Gütersloh, 4., durchgesehene Aufl. 1996.

Betty Jean Lifton: Der König der Kinder. Das Leben von Janusz Korczak, Stuttgart 1990.

Zur Pädagogik von Janusz Korczak

Michael Langhanky: Die Pädagogik von Janusz Korczak. Dreisprung einer forschenden, diskursiven und kontemplativen Pädagogik, Neuwied 1993.

Weitere Literaturangaben, Hinweise, Anschriften und Texte im Internet:

http://korczak.com

http://www.janusz-korczak.de